# Business English

*ganz leicht*

## Lernwortschatz

Barry Baddock
Susie Vrobel

Hueber Verlag

3.  2.  1.  | Die letzten Ziffern
2016  15  14  13  12  | bezeichnen Zahl und Jahr des Druckes.
Alle Drucke dieser Auflage können, da unverändert,
nebeneinander benutzt werden.
1. Auflage
© 2012 Hueber Verlag GmbH & Co. KG, 85737 Ismaning, Deutschland
Umschlaggestaltung: creative partners gmbh, München
Umschlagfoto: © marcus/Shotshop.com
Satz: Sieveking print & digital, München
Illustrationen: Susie Vrobel
Druck und Bindung: Auer Buch + Medien GmbH
Printed in Germany
ISBN 978–3–19–106383–2

# Vorwort

Möchten Sie eine Tagung vorbereiten? Müssen Sie Ihrer englischen Partnerfirma ein neues Produkt präsentieren? Oder möchten Sie vielleicht jemanden
geschäftlich anrufen?

Der *Business English ganz leicht Lernwortschatz* ist ein Lehr- und Nachschlagewerk, das sich für international tätige Geschäftsleute eignet und auch von
Wirtschaftsstudenten und Übersetzern erfolgreich benutzt werden kann: Von
allen, die gerne ihren Wortschatz zum Thema Wirtschaft zeitgemäß erweitern
möchten. 12 Themenbereiche werden abgehandelt – von Konferenzen bis
zu Werbung und Vertrieb, von Handel bis hin zu Trends und Aussichten. Jeder
dieser Themenbereiche beinhaltet einen Hauptteil, bestehend aus umfang-
reichem Vokabular mit deutscher Übersetzung und Anwendungsbeispielen.
Die Beispielsätze illustrieren den Gebrauch zahlreicher Vokabeln im Kontext
eines Satzzusammenhanges (*use-in-context*).

Um spezielle Wörter oder Wortfelder leichter zu finden, sind im Hauptteil jedes
Themenbereichs die einzelnen Einträge unter verschiedenen Unterpunkten
(z. B. *Complaints, Planning* usw.) zusammengefasst. Die Bereiche zur Computer-
und Webterminologie sind besonders umfangreich. Innerhalb der jeweiligen
Unterpunkte sind wiederum Wortfelder und verwandte Begriffe in Abschnitten
zusammengefasst, um – anders als in einem alphabetisch angelegten Wörter-
buch – konzentriertes und effektives Lernen der einzelnen Teilbereiche zu
ermöglichen.

Zusätzlich finden Sie in vielen Themenbereichen verschiedene Hilfe-Kästchen:
*Info-Boxes*, die Tipps und Informationen vermitteln, sowie Grammatik-Rubriken,
die auf mögliche Fehlerquellen aufmerksam machen und Germanismen
aufzeigen. Darüber hinaus bieten Ihnen die *FAQs* (*FAQ* steht für *Frequently
Asked Questions*, also „häufig gestellte Fragen") Antworten auf themenbezo-
gene Fragen zur englischen Sprache und deren Gebrauch. Alle *FAQs* wurden
in englischer Sprache verfasst – zur Hilfe finden Sie jedoch die deutsche
Übersetzung einiger Vokabeln in Klammern hinter den jeweiligen englischen
Ausdrücken.

Im Anhang des *Business English ganz leicht Lernwortschatz* sind auch verschiedene Wortlisten aufgeführt: eine mit englischen Abkürzungen und deren
deutsche Übersetzung, eine mit den wichtigsten Unterschieden zwischen
amerikanischem und britischem Englisch. Ebenfalls im Anhang finden Sie
Informationen zur Rechtschreibung, zur Verwendung von britischem und
amerikanischem Englisch sowie eine exemplarische Zusammenstellung von
Musterbriefen und -faxen.

Folgende englische Abkürzungen wurden im diesem Buch verwendet: BE für
Britisches Englisch, AE für Amerikanisches Englisch, UK für *United Kingdom*, US
für *United States*, eg für *exempli gratia / for example*, etc für *et cetera / and so*

on, sb für *somebody*, sth für *something*, adj für *adjective*, adv für *adverb*, sg für *singular*, pl für *plural*. Bis auf speziell gekennzeichnete Vokabeln (AE = *American English*) verwendet der *Business English ganz leicht Lernwortschatz* überwiegend britisches Englisch.

# Benutzerhinweise

### Einsatzmöglichkeiten
Ob für Schule, Studium oder Beruf: Der *Business English ganz leicht Lernwortschatz* kann sowohl zum Lernen als auch zum Nachschlagen von Wörtern und Ausdrücken aus dem Business-Bereich benutzt werden. Er eignet sich für den Einsatz im Unterricht, beispielsweise in Wirtschaftsenglisch-Kursen, aber auch als Verständnishilfe beim Bearbeiten von Wirtschaftstexten oder Geschäftskorrespondenz. Darüber hinaus ist der *Lernwortschatz* ein nützlicher Begleiter zur Vorbereitung auf verschiedene Prüfungen (z. B. die Cambridge-, IHK-/LCC- oder die Volkshochschul-Prüfungen).

Im Arbeitsalltag eignet sich dieser *Lernwortschatz* als Nachschlagewerk, um aus einem bestimmten Themenbereich passende Wörter oder Redewendungen für einen zu erstellenden Text zu finden oder um den Gebrauch einiger Vokabeln im Satzzusammenhang zu verifizieren.

### Auffinden bestimmter Ausdrücke
Die Hauptthemenbereiche sind durchnummeriert und jeweils in Untergruppen mit eigenen Titeln unterteilt. Diese Untergruppen sind wiederum in kleinen, gut verdaulichen Wortfeldabschnitten differenziert, so dass Sie Wörter und Ausdrücke in ihrem gebräuchlichen Umfeld bzw. innerhalb ihrer Wortfamilie lernen können.

Es wurde jeweils eine Auswahl der wichtigsten und gebräuchlichsten Ausdrücke zusammengestellt. Manche Wortfeldabschnitte haben ein Wort als gemeinsamen Nenner (z. B. *terms --> terms of sale / cash terms*, usw), manche einen semantischen Zusammenhang, der sich durch Assoziationen und Gemeinsamkeiten in der Benutzung ergibt (z. B. *worker --> skilled / semi-skilled / unskilled*).

Haupteinträge erkennen Sie am Fettdruck. Unterschiede im amerikanischen und britischen Englisch (AE / BE) werden in den Einträgen berücksichtigt und im Anhang zusätzlich gegenübergestellt.

### Ihr persönlicher Lernplan
Sie können den *Business English ganz leicht Lernwortschatz* entweder von Anfang bis Ende durcharbeiten und so sicherstellen, dass Sie alle Themenbereiche abgedeckt haben. Oder Sie setzen selber die Schwerpunkte und suchen sich jeweils die Themenbereiche heraus, in denen Sie Nachholbedarf haben oder die für Sie besonders wichtig sind.

Versuchen Sie, sich jeden Tag Zeit zu nehmen, um ein überschaubares Wortfeld bzw. eine ganze Untergruppe mit verschiedenen Ausdrücken zu lernen. Untersuchungen haben gezeigt, dass Wörter und Ausdrücke, die man themenbezogen lernt, beispielsweise in Wortfeldabschnitten, länger im Gedächtnis bleiben und so besser erinnert werden als solche, die isoliert gelernt wurden. Am Anfang einiger Untergruppen finden Sie Querverweise, die Sie zu verwandten Themenbereichen und weiteren Ausdrücken führen (z. B. unter „4.3 *Meeting Customers* / Kunden treffen" finden Sie „5.3 *Negotiating* / Verhandeln"). Sie werden Ihnen helfen, Ihren Wortschatz auf einem bestimmten Gebiet zu vertiefen und auf verwandte Themenbereiche zu erweitern.

Gutes Gelingen wünschen

Barry Baddock & Susie Vrobel

# Inhaltsverzeichnis

# The Company
## Die Firma

1

# 1 Location, Size & Structure
## Sitz, Größe & Struktur

→ 2.1 Products / Produkte
→ 2.2 Services / Dienstleistungen

Going to work for a large company is like getting on a train. Are you going sixty miles an hour or is the train going sixty miles an hour and you're just sitting still? (J. Paul Getty, US business tycoon, 1892–1974)

| | |
|---|---|
| **company** / firm | Firma, Gesellschaft, Unternehmen |
| family company | Familienunternehmen |
| holding company (AE: proprietary company) | Dachgesellschaft |
| international company | internationale Firma |
| parent / subsidiary (company) | Mutter-/ Tochtergesellschaft |
| public limited company (= plc) | Aktiengesellschaft |
| private (limited) company | Gesellschaft mit beschränkter Haftung |
| associated company | Beteiligungsgesellschaft |
| independent company | unabhängiges Unternehmen |
| limited / unlimited liability | beschränkte / unbeschränkte Haftung |
| a small / medium-sized / large company | eine kleine / mittlere / große Firma |
| average-sized | von durchschnittlicher Größe |
| We're a medium-sized company in this field. | Wir sind ein Mittelbetrieb in diesem Bereich. |
| a steel / toy / packaging company | Stahl- / Spielzeug- / Verpackungsunternehmen |
| set up / establish a company | eine Firma gründen |
| acquire a company | eine Firma übernehmen |
| The original company was acquired by Gisbert Horn in 1994. | Die ursprüngliche Firma wurde 1994 von Gisbert Horn übernommen. |
| **corporation** | Gesellschaft |
| **enterprise** | Unternehmen |
| **entrepreneur** | Unternehmer(-in) |
| entrepreneurial | unternehmerisch |
| **business** | Geschäft, Unternehmen |
| international business | Auslandsgeschäft |
| go into business | ein Geschäft gründen |
| run a business | ein Geschäft betreiben |
| export business | Exportunternehmen |
| We are exporting to customers in Japan. | Wir exportieren an Kunden in Japan. |

| | |
|---|---|
| in our line of business | in unserer Branche |
| The company has one of the best track records in the business. | Die Firma ist eine der erfolgreichsten in der Branche. |
| big / small business | Groß-/Kleinunternehmen |
| the furniture / retail / textile business | die Möbel-/Einzelhandels-/Textil-branche |
| We're in the catering trade. | Wir sind im Gaststättengewerbe. |
| We've worked with other companies in the textile sector. | Wir haben mit anderen Firmen im Textilbereich gearbeitet. |

| | |
|---|---|
| **commerce** | Handel, Handelsverkehr |
| **industry** | Industrie |
| car industry, the | die Automobilindustrie |
| producer / manufacturer | Hersteller(-in) |
| We are producers / manufacturers of lightweight plastic containers. | Wir stellen leichte Plastikbehälter her. |

| | |
|---|---|
| **deal in sth** | mit etw handeln |
| We're booksellers, but we also deal in stationery. | Wir sind Buchhändler, aber wir handeln auch mit Schreibwaren. |
| **focus on** | sich konzentrieren auf |
| We focus more on delivery services than retail. | Wir konzentrieren uns mehr auf Lieferungen als auf den Einzelhandel. |

| | |
|---|---|
| **supplier** | Lieferant(-in) / Zulieferer(-in) |
| We're suppliers of … to … | Wir liefern … an … |
| Europe's biggest supplier of timber | der größte Holzlieferant Europas |

| | |
|---|---|
| **customer** | Kunde / Kundin |
| major customer | Großkunde / Hauptkunde |
| Since Rayland Foods closed, Tesco has been our major customer. | Seit Rayland Foods geschlossen hat, ist Tesco unser Hauptkunde. |
| regular customer | Stammkunde |
| corporate customer | Geschäftskunde |

| | |
|---|---|
| **retailer /wholesaler** | Einzel- / Großhändler |
| **exporter /importer** | Exporteur / Importeur |

| | |
|---|---|
| **private sector,** the | die Privatwirtschaft |
| **public sector,** the | der öffentliche Bereich |

| | |
|---|---|
| **site** | Standort, Gelände |
| industrial site | Industriegelände |
| off-site | außerhalb des Werkgeländes |

| | |
|---|---|
| on-site | vor Ort, auf dem Werkgelände |
| greenfield site | Industriestandort auf der grünen Wiese |
| | |
| **property** | Grundstück(e) |
| **facility** | Einrichtung |
| We acquired the new kitchen facility last June. | Wir haben die neue Kücheneinrichtung im letzten Juni erworben. |
| **infrastructure** | Infrastruktur |
| | |
| **block** / building | Gebäude |
| administration block | Verwaltungsgebäude |
| office block | Bürogebäude |
| **factory** | Fabrik |
| **machine shop** | Maschinenhalle |
| shop floor | Produktionsstätte |
| workshop | Werkstatt |
| **store** | Lager |
| **service centre** | Reparaturwerkstatt |
| **outlet** | Händler, Verkaufsstelle |
| We have outlets in all the major cities. | Wir haben Verkaufsstellen in allen größeren Städten. |
| | |
| **location** | Standort, Gelände, Lage, Ort |
| prime location | bevorzugte Lage |
| be located / situated in | sich befinden in |
| **accessible** | erreichbar |
| We're easily accessible by road and rail. | Wir sind leicht über Straße und Schiene erreichbar. |
| **within easy reach** | in der Nähe |
| **area** | Gegend |
| commercial district | Gewerbegebiet |
| | |
| **based in West London** | im West-Londoner Raum |
| **outskirts** | Außenbezirk |
| | |
| **head office** | Hauptgeschäftsstelle / - verwaltung, Zentrale |
| registered office | Geschäftssitz |
| **branch** | Filiale, Niederlassung, Zweig |
| branch office | Zweigstelle |
| open a branch | Niederlassung eröffnen |
| We'll soon be opening a new branch in Leipzig. | Wir eröffnen bald eine neue Niederlassung in Leipzig. |
| **unit** | Einheit |
| We've separated the operation into three units. | Wir haben den Betrieb in drei Einheiten unterteilt. |

| | |
|---|---|
| **employed** | angestellt |
| A total of 20 people are employed in marketing. | Insgesamt sind 20 Personen im Vertrieb angestellt. |
| **sole trader / sole proprietorship / one-man firm** | Einzelfirma / -unternehmer |
| **owner proprietor** | Besitzer(-in), Eigentümer(-in) |
| co-owner | Miteigentümer(-in) |
| ownership | Eigentümerschaft |
| **partnership** | Partnerschaft, Personen- / Personalgesellschaft |
| Jenkins and Lyle have been in partnership for four years. | Jenkins und Lyle sind seit vier Jahren eine Personengesellschaft. |
| **Board of Directors** | Vorstand |
| **chairman / chairwoman / chairperson** | (Vorstands-)Vorsitzende(r), Leiter(-in) |
| **administration** (kurz: admin) | Verwaltung |
| administrative | Verwaltungs- |
| **executive** | Manager, leitende(r) Angestellte(r) |
| **management** | Geschäftsleitung, Management, Unternehmensleitung |
| Each department has its own management and accounts. | Jede Abteilung hat ihre eigene Unternehmensleitung und ihre eigene Buchführung. |
| middle management | mittleres Management |
| management team | Führungsgruppe |
| joint management | gemeinsame Leitung |
| **department /division / section** | Abteilung |
| The company has three divisions, all under one roof. | Die Firma hat drei Abteilungen, alle unter einem Dach. |
| Accounts Department | Buchhaltung |
| Advertising Department | Werbeabteilung |
| Claims Department | Schadensersatzabteilung / -büro |
| Complaints Department | Reklamationsabteilung |
| Design Department | Konstruktionsabteilung |
| Despatch Department | Versandabteilung |
| Export Department | Exportabteilung |
| Legal Department | Rechtsabteilung |

| | |
|---|---|
| Marketing Department | Marketing- / Vertriebsabteilung |
| Production Division | Produktions- /Fertigungsabteilung |
| Purchasing Division | Beschaffungs- / Einkaufsabteilung |
| Retail Division | Einzelhandelsabteilung |
| Sales Department | Verkaufsabteilung |
| Service Department | Kundendienstabteilung |

## FAQs

### What's the difference between a public and a private limited company?

A UK public limited company (= plc) (US: open corporation) is similar to a German *Aktiengesellschaft*. The company's shares (= *Anteile*) are traded on the stock exchange (= *Börse*) and are freely transferable.

A UK private limited company (= Ltd) (US: closed corporation) is similar to a German *GmbH*. It is smaller than a plc. Its shares are not traded on the stock exchange and they are not freely transferable.

Legally speaking, a limited company is different from its owners (= *Besitzer / Eigentümer*). So owners are not personally responsible for its debts (= *für ihre Schulden verantwortlich*).

### What's the difference between a sole trader and a partnership?

**Sole trader**: a sole trader (= *Einzelfirma / Einzelunternehmer*) is self-employed (= *selbstständig / freiberuflich*), has declared that he / she is working for him-/herself and is personally responsible for every aspect of the business. If things go wrong, the sole trader may have to give up the business assets (= *Vermögenswerte*) and also his or her personal possessions to pay the debts of the business.

**Partnership** : this means two or more people running a business together. To get started, a partnership agreement (= *Vereinbarung / Abkommen*) has to be written, stating how the business will be organised, who has put what into the business, who does what work, how the profits (= *Gewinne*) will be shared and what would happen if the partnership ended. The partners are collectively and personally responsible for the debts of the business.

# Methods & Procedures

What sets us against one another is not our aims – they all come to the same thing – but our methods, which are the fruit of our varied reasoning. (Antoine de Saint-Exupéry, French novelist, 1900–44)

| | |
|---|---|
| **office practice** | Bürowirtschaft |
| **company rules** | Betriebsvorschriften |
| system of rules | Regelwerk |
| **company policy** | Unternehmenspolitik |
| policy meeting | Grundsatz- / Strategiebesprechung |
| We have a policy meeting every week. | Wir haben jede Woche eine Grundsatz- / Strategiebesprechung. |
| **sales conference** | Verkaufs- / Vertreterkonferenz |
| **decide** | entscheiden |
| decision | Entscheidung |
| make a decision | eine Entscheidung treffen |
| All decisions about terms of delivery are made by Frau Horn. | Alle Entscheidungen über die Lieferbedingungen werden von Frau Horn getroffen. |
| reach a decision | zu einer Entscheidung kommen |
| **reception** | Rezeption, Empfang |
| **manufacturing** | Herstellung |
| **storage** | Lagerung |
| **check / control** | Kontrolle |
| quality control | Qualitätskontrolle |
| **monitoring** | Steuerung / Überwachung |
| The technicians are responsible for monitoring safety. | Die Techniker sind für die Überwachung der Sicherheit verantwortlich. |
| **inquiry / enquiry** | Anfrage (Siehe Musterbriefe & -faxe, S. 190) |
| **business transaction** | Geschäftsabwicklung |

**2**

### Info-Box
*Flussdiagramm einer Geschäftsabwicklung*

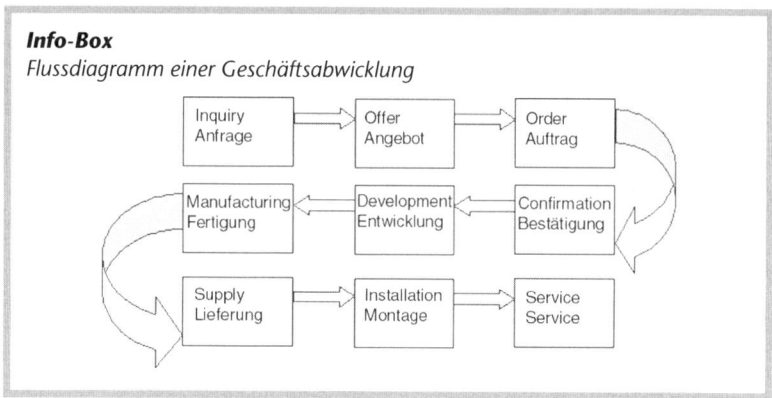

| | | |
|---|---|---|
| Inquiry / Anfrage | → Offer / Angebot | → Order / Auftrag |
| Manufacturing / Fertigung | ← Development / Entwicklung | ← Confirmation / Bestätigung |
| Supply / Lieferung | → Installation / Montage | → Service / Service |

---

### business hours
at all hours
Our service hotline is open at all hours.
closed from 12.30 to 1.30
opening hours
closed on Saturdays

Geschäftszeiten / -stunden
zu jeder Tages- und Nachtzeit
Unser Servicetelefon ist zu jeder Tages- und Nachtzeit besetzt.
geschlossen von 12.30h bis 13.30h
Öffnungszeiten
samstags geschlossen

### report
interim report
progress report
I hand in an interim report / a progress report to Frau Horn each month.

annual report
chairman's / chairwoman's / chairperson's annual report

Bericht
Zwischenbericht
Lage- / Fortschrittsbericht
Ich reiche Frau Horn jeden Monat einen Zwischenbericht / Fortschrittsbericht ein.

Jahresbericht
Jahresbericht der / des Vorsitzenden

### as a rule
We work till 6pm as a rule, but we can work overtime on urgent orders.

in der Regel
In der Regel arbeiten wir bis 18h, aber bei dringenden Bestellungen können wir Überstunden machen.

## FAQs

### What is the "banana problem"?

You have a "banana problem" if you have developed a procedure (= *Verfahren*) which works (eg a production process), but you don't know when to stop it. This may happen if you have not defined the conditions (= *die Bedingungen nicht festgelegt*) under which the process should be ended. The expression stems from the story of the little girl who said "I know how to spell banana, but I don't know when to stop!"

# Personnel
**Personal**

→ 3.2 Recruiting & Appointing / Einstellung & Ernennung

By working faithfully eight hours a day, you may get to be a boss and work twelve hours a day. (Robert Frost, 1874–1963, US poet)

| | |
|---|---|
| **employ** | beschäftigen |
| **employee** | Angestellte(r), Beschäftigte(r), Mitarbeiter(-in) |
| **human resources** (= HR) | Personalwesen, -entwicklung |
| **manpower** | Arbeitskräfte |
| manpower planning / staffing policy | Personalplanung |
| **workforce / personnel** | Arbeiterschaft, Belegschaft |
| The combined company has a workforce of 2000. | Das zusammengeschlossene Unternehmen beschäftigt 2000 Mitarbeiter. |
| **sales force** | Verkaufspersonal |
| **staff** (= treated as a pl noun) | Personal / Mitarbeiter |
| The sales staff all speak English. | Das gesamte Personal der Verkaufsabteilung spricht Englisch. |
| staff meeting | Personalversammlung |
| be on the staff | zum Personal gehören |
| office staff / clerical staff | Büroangestellte, Büropersonal |
| operations staff | Betriebspersonal |
| accounts staff | Buchhaltungspersonal |
| junior / senior staff | jüngere / ältere Angestellte |
| temporary staff | Zeitarbeitskräfte |
| We always take on temporary staff in the Christmas season. | In der Weihnachtssaison stellen wir immer Zeitarbeitskräfte ein. |
| managerial staff | leitendes Personal |
| number of staff / employees / personnel | Personalbestand |
| I'm in charge of staffing here. | Ich bin hier für die Einstellung von Personal zuständig. |
| **superior** | Vorgesetzte(r) |
| **supervisor** | Aufseher(-in), Vorsteher(-in), Vorarbeiter(-in), Bürovorsteher(-in) |
| supervise | beaufsichtigen |
| **team leader** | Gruppenleiter(-in) |

**3**

| | |
|---|---|
| **boss** (= ugs.) | Chef(-in) |
| What's your new boss like? | Wie ist Ihr neuer Chef? |
| **be headed by** | geleitet werden von |
| **be under** | unter(-geordnet, -gestellt) sein |
| **responsibility /** | Verantwortung |
| **responsibilities** | |
| area of responsibility | Verantwortungsbereich |
| **be responsible to** | verantwortlich sein gegenüber, (jdm) |
| | unterstellt sein |
| **in charge** (= i/c) | zuständig |
| be in charge of / responsible for | leiten, zuständig / verantwortlich |
| | sein für |
| Herr König's responsible for that part | Für diesen Geschäftsbereich ist |
| of the operation. | Herr König verantwortlich. |
| Ms Davies is in charge of marketing. | Frau Davies ist für die Werbung |
| | zuständig. |
| put sb in charge of sth | jdm die Verantwortung für etw |
| | übertragen |
| keep an eye on | überwachen |
| **subordinate** | untergeordnet, rangniedriger |
| **departmental** | Abteilungs- |
| departmental manager / departmental | Abteilungsleiter(-in) |
| head / head of department | |
| head a department | eine Abteilung leiten |
| **managerial** | Management-, Führungs- |
| **manager** | Geschäftsführer(-in), Abteilungs- |
| | leiter(-in) |
| sales manager / head of sales | Verkaufsleiter(-in) |
| field sales manager | Außendienstleiter(-in) |
| export manager / head of exports | Exportleiter(-in) |
| area manager | Bezirks- / Gebietsleiter(-in) |
| office manager | Geschäftsstellenleiter(-in), Büro- |
| | leiter(-in) |
| marketing manager | Marketingleiter(-in) |
| distribution manager | Vertriebsleiter(-in) |
| production manager | Leiter(-in) der Fertigung |
| personnel manager | Personalchef(-in), Leiter(-in) |
| | der Personalabteilung |
| advertising manager | Werbeleiter(-in) |
| general manager | geschäftsführende(r) Direktor(-in) |
| branch manager | Filialleiter(-in) |
| data processing manager | Leiter(-in) der EDV-Abteilung |
| purchasing manager / head buyer | Chefeinkäufer(-in), Leiter(-in) |
| | des Einkaufs |
| managing director (= MD) | Vorstandsvorsitzende(r) / |
| | Geschäftsführer(-in) |
| sales director | kaufmännischer Leiter(-in) |

| | |
|---|---|
| financial director / chief financial officer (= CFO) | Leiter(-in) der Finanzabteilung |
| accounts controller | Leiter(-in) der Buchhaltung |
| quality controller | Qualitätskontrolleur(-in) |

| | |
|---|---|
| **deputy / acting** | stellvertretend |
| deputy manager / acting manager | stellvertretende(r) Leiter(-in) |
| deputise for sb / stand in for sb | jdn vertreten |
| The managing director is in Denver just now – Mrs Davies is standing in for him. | Der Geschäftsführer ist gerade in Denver – Mrs Davies vertritt ihn. |
| fill in for sb | für jdn einspringen |

| | |
|---|---|
| **commercial clerk** | Sachbearbeiter(-in) |
| office administration clerk | *in etwa:* Bürokaufmann / -frau |

| | |
|---|---|
| **public relations officer** | PR-Angestellte(r) |

| | |
|---|---|
| **buyer** | (Ein-)Käufer(-in) |
| **typist** | Schreibkraft |
| **craftsman / tradesman / craftswoman / tradeswoman** | Handwerker(-in) |
| **site engineer** | Bauleiter(-in) |
| **technician** | Techniker(-in) |
| **designer** | Designer(-in) |
| **driver** | Fahrer(-in) |
| **office junior** | Bürogehilfe / -gehilfin |
| **secretary** | Sekretär(-in) |
| personal secretary / personal assistant (= PA) | Chefsekretär(-in) / Assistent(-in) |
| foreign language secretary | Fremdsprachensekretär(-in) |
| **translator** | Übersetzer(-in) |
| **sales rep / sales representative** | Handelsvertreter(-in), Vertreter(-in) |
| **qualified retailer** | Einzelhandelskaufmann / -frau |
| **security officer** | Sicherheitsbeauftragte(r) |

| | |
|---|---|
| **businessman / businesswoman** | Geschäftsmann /-frau |
| small businessman / small businesswoman | Kleinunternehmer(-in) |

# FAQs

### Can I use words like "manager" and "chairman" when referring to a woman?

Some positions have male and female forms, eg manager / manageress, proprietor / proprietress. But often only the male form is used: Mrs Jenkins is our sales manager.

However, words ending with -man, eg businessman, chairman, are nowadays (= *heutzutage*) often expressed with -person, eg businessperson, chairperson.

### What's "dead wood"?

This refers to staff who do not do anything useful for a company and just use up space (= *Platz einnehmen*). They're individuals the company would happily dismiss (= *entlassen*) if this were possible.

### What's a "yes man"?

An employee who always agrees with his or her supervisor (= *Aufseher/-in* / *Vorsteher/-in*) and supports everything the supervisor suggests. Such unpleasant individuals often flatter (= *schmeicheln*) superiors and "look down" on subordinate (= *untergeordnetes* / *rangniedriges*) staff.

### What is "lion food"?

It is a negative term to describe administrative (= *Verwaltungs-*) and middle management (= *mittleres Management*) staff. The expression is based on a joke about two lions which have escaped from a zoo and meet again by chance (= *zufällig*) after a couple of months. One is skinny (= *dürr*), the other fat (= *dick*). The skinny one says: "How did you manage to grow so fat? I ate just one man and have been on the run (= *auf der Flucht*) ever since, living on grass (= *von Gras leben*)." The fat one answers: "It was simple. I hid close to an IBM office and ate one manager a day. Nobody ever noticed (= *Niemand hat es jemals bemerkt*)."

# Business Premises & Property
## Geschäftsräume & -eigentum

→ 1.1 Location, Size & Structure / Sitz, Größe & Struktur

The basis of the social contract is property; and its first condition, that everyone should be maintained in the peaceful possession of what belongs to him. (Jean-Jacques Rousseau, French philosopher & novelist, 1712–78)

| | |
|---|---|
| **premises** | Örtlichkeit, Räumlichkeit, Grundstück |
| business premises | Geschäftsräume |
| office premises | Büroräume |
| **property** | Eigentum |
| **facilities** | Ein-, Vorrichtungen; Möglichkeiten |
| By August, we should have our own catering facilities. | Bis August dürften wir unsere eigenen Verpflegungsmöglichkeiten haben. |
| **surface** | Fläche |
| **surrounding area** | Umgebung |
| **floor** | Stock(werk), Etage |
| **lift** (AE: elevator) | Lift / Aufzug |
| **mail room** | Poststelle |
| **basement** | Untergeschoss |
| **caretaker** (AE. janitor) | Hausmeister(-in) |
| **cleaner** | Putzfrau / -personal |
| **porter** | Pförtner |
| **security** | Sicherheit |
| **maintenance** | Erhaltung, Wartung, Instandhaltung |
| The photocopy machines need a great deal of maintenance. | Die Fotokopierer müssen oft gewartet werden. |
| **running costs** | laufende Kosten |
| **rent** | mieten |
| **lease** | pachten, mieten / verpachten, |
| **decorate** | renovieren |
| The offices have been freshly decorated. | Die Büros sind frisch renoviert worden. |
| **lock** | verschließen |
| **position / place** | platzieren |
| **fit equipment** | Einrichtung / Ausrüstung einbauen |

**4**

| | |
|---|---|
| **repair** | Reparatur |
| We generally carry out repairs ourselves. | Normalerweise führen wir Reparaturen selbst durch. |
| **in working order** | funktionsfähig |
| out of order | außer Betrieb |
| **air-conditioned** | klimatisiert |
| **utilities** | versorgungswirtschaftliche Einrichtungen / Versorgungsbetriebe |
| **device** | Gerät |
| This portable shredder is a useful little device. | Dieser tragbare Aktenvernichter ist ein nützliches kleines Gerät. |

## Office Materials

## Büromaterial

| | |
|---|---|
| **office materials / office stationery** | Büromaterial |
| office supplies | Bürobedarf / -artikel |
| **furniture** | Möbel |
| furnishings | Einrichtungsgegenstände |
| **shelf** (pl: shelves) | Regal(e) |
| **equipment** | Einrichtung, Geräte, Ausrüstung, Ausstattung |
| **swivel chair** | Drehstuhl |
| **desk** | Schreibtisch |
| L-shaped desk | L-förmiger Schreibtisch |
| desk lamp | Schreibtischlampe |
| **partition wall** | Trennwand |
| **fax paper** | Faxpapier |
| continuous paper | Endlospapier |
| writing paper | Schreibpapier, Briefpapier |
| headed paper | Papier mit Briefkopf |
| **printed letterhead** | gedruckter Briefkopf |
| **envelope** | Umschlag |
| **separator** | Trennfolie, Trennblatt |
| **memo** / memorandum | Mitteilung, (Akten-)Notiz, Vermerk |
| **slip** | Zettel |
| **address label** | Adressenaufkleber |
| **personal computer** | PC |
| **printer** | Drucker |
| **fax machine** | Fax, Faxgerät |
| **scanner** | Bildabtaster, Scanner |
| **microfiche** | Mikrofiche |

| | |
|---|---|
| **photocopier** | Fotokopierer |
| shredding machine / | Aktenvernichter, Reißwolf |
| **shredder** | |
| **calculator** | (Taschen-)Rechner |
| **typewriter** | Schreibmaschine |
| **guillotine** | Papierschneidemaschine |
| | |
| **card index** | Kartei |
| index card | Karteikarte |
| | |
| **paper drawer** | Papierschacht |
| file drawer | Schublade für Aktenordner |
| box drawer | Schubladen-Box |
| box file | kastenförmiger Aktenordner, |
| | Ablage- /Aktenbox |
| filing cabinet | Aktenschrank |
| | |
| **notepad** | Schreib- / Notizbuch |
| spiral-bound notepad | Notizbuch mit Spiralheftung |
| ring binder | Ringbuch |
| | |
| **sealing tape** | Verschlussklebestreifen |
| adhesive tape | Klebstreifen, Klebeband |
| adhesive tape dispenser | Klebstreifenspender |
| | |
| **date stamp** | Datumsstempel |
| franking machine | Frankiermaschine |
| | |
| **calendar** | Kalender |
| diary | Terminkalender |
| desk diary | Tischkalender |
| | |
| **pencil** | Bleistift |
| pencil sharpener | Bleistiftspitzer |
| **rubber** (AE: eraser) | Radiergummi |
| **ballpoint pen** / **biro** | Kugelschreiber |
| felt-tip pen | Filzstift |
| **highlighter** | Textmarker |
| | |
| **safety pin** | Sicherheitsnadel |
| drawing pin (AE: thumbtack) | Reißzwecke |
| **paper clip** | Büro- / Papierklammer |
| **staple / stapler** | Heftklammer / Hefter |
| **staple remover** | Klammerentferner |
| **punch** | Locher |
| **ruler** | Lineal |
| **scissors** | Schere |

| | |
|---|---|
| **folder** | Mappe, Aktenmappe, Schreib-mappe |
| **clipboard** | Klemmbrett |
| **wire basket** | Ablagekorb |
| **noticeboard** (AE: bulletin board) display board | Schwarzes Brett, Anschlagtafel Anzeigetafel |

## FAQs

### When I choose business premises, what should I consider?

- whether to work from home, a shop, an office, a workshop (= *Werkstatt*) or a factory (= *Fabrik*)
- how big the workplace (= *Arbeitsplatz*) should be
- location (= *Standort*), especially if I depend on customers who pass by (= *vorbeifahren / vorbeikommen*)
- available utilities (= *versorgungswirtschaftliche Einrichtungen*)
- whether to rent, lease or buy
- local security requirements
- car parking
- maintenance & running costs
- rent & local taxes (= *Steuern*)
- costs of fitting equipment (= *Einrichtung / Ausrüstung einbauen*), eg telephones, fax, computers, furniture
- what I would do with the premises if my business failed (= *scheiterte*)

# Products & Services
## Produkte & Dienstleistungen

# Products
## Produkte

→ 1.1 Location, Size & Structure / Sitz, Größe & Struktur

The only reason for being a bee that I know of is making honey. (from
*Winnie-the-Pooh*, A. A. Milne, English storywriter and playwright, 1882–1956)

| | |
|---|---|
| **produce** | herstellen, produzieren |
| **product** | Produkt |
| final product / finished product | Endprodukt |
| list of products | Warenverzeichnis |
| product range / range of products | Produktpalette, Angebotspalette |
| wide range / limited number of products, a | eine große / begrenzte Auswahl an Produkten |
| by-product / spinoff | Nebenprodukt |
| unique product, a | ein einzigartiges Produkt |
| | |
| **step up production** | die Produktion erhöhen |
| We're going to step up production in March. | Wir werden unsere Produktion im März erhöhen. |
| production schedule | Fertigungsplan |
| single-part production / one-off production | Einzelfertigung |
| series production | Serienfertigung |
| industrial production | Industrieproduktion |
| | |
| **capacity** | Kapazität |
| production capacity | Produktionskapazität |
| Production has almost reached capacity. | Die Produktion ist beinahe ausgelastet. |
| boost capacity | Kapazität erweitern |
| capacity usage | Kapazitätsnutzung |
| excess capacity / overcapacity | Überkapazität |
| | |
| **goods** (= pl only) | Waren / Güter |
| semi-finished / finished goods | Halbfertig- / Fertigfabrikate |
| manufactured goods | Fabrikwaren |
| high-quality goods | hochwertige Waren |
| bulk goods | Massengüter |
| consumer goods | Verbrauchsgüter |
| commodity | Ware, Erzeugnis |
| | |
| **merchandise** | (Handels-)Ware |

| | |
|---|---|
| **tool** | Werkzeug |
| **raw materials** | Rohstoffe |
| **component** | (Einzel-)Teil, Bestandteil |
| All the components are shipped here for assembly. | Alle Einzelteile werden hier zur Montage angeliefert. |
| **spares** / spare parts | Ersatzteile |
| | |
| **pattern** | Muster, Vorlage |
| **equipment** | Ausrüstung / Einrichtung |
| well-equipped | gut ausgestattet |
| **brand** | Marke |
| brand of chocolate | Schokoladenmarke |
| This should soon be one of the leading brands on the market. | Diese müsste bald eine der führenden Marken auf dem Markt sein. |
| **size** | Größe |
| **output** | Produktionsleistung |
| boost output | die Produktionsleistung steigern |
| **performance** | Leistung |
| **productivity** | Produktivität |
| total productivity | Gesamt-Produktivität |
| increase productivity | die Produktivität erhöhen |
| **shelf life** | Haltbarkeit |
| This product has a shelf life of 6 to 8 months. | Dieses Produkt verfügt über eine Haltbarkeit von 6 bis 8 Monaten. |
| **sell-by date** / **use-by date** / **best-before date** | Haltbarkeitsdatum |
| **durable** | haltbar, langlebig |
| durable goods | langlebige Güter |
| consumer durables | langlebige Gebrauchsgüter |
| **mechanical** | mechanisch |
| **labour-saving** | arbeitssparend |
| We've been investing in labour-saving technology. | Wir haben in arbeitssparende Technologie investiert. |
| **portable** | tragbar |
| **tailor-made** / made-to-measure (AE: custom-made / customized) | maßgeschneidert |
| Our clients can order customized versions over the Internet. | Unsere Kunden können maßgeschneiderte Versionen über das Internet bestellen. |
| **ready-made** (+ noun) | Fertig-(+ Substantiv) |
| **state-of-the-art** | technisch auf dem neusten Stand |
| All the equipment is state-of-the-art. | Die gesamte Ausrüstung ist auf dem neusten Stand der Technik. |
| **latest** | neuste(r/s) |
| **efficient** | wirkungsvoll, effektiv |

| | |
|---|---|
| **success** | Erfolg |
| key to success, the | der Schlüssel zum Erfolg |
| In our line of business, the key to success is prompt delivery. | In unserer Branche ist sofortige Lieferung der Schlüssel zum Erfolg. |
| successful | erfolgreich |
| This is one of our most successful lines. | Dies ist eines unserer erfolgreichsten Produkte. |
| | |
| **be famous for** | berühmt sein für |
| **be recognised as** | angesehen werden als, gelten als |
| **reputation** | Ruf |
| customise (AE: customize) | speziell anfertigen; umbauen |
| | |
| **manufacture** | herstellen |
| carefully manufactured | sorgfältig hergestellt |
| **special design** | Sonderanfertigung |
| | |
| **specification** | detaillierte Aufstellung / genaue Beschreibung |
| **specialize in** | sich spezialisieren auf |
| **assemble** | zusammenbauen |
| assembly | Montage, Zusammenbau |
| assembly line | Fließband, Montageband |
| **flow of goods** | Güterstrom |
| | |
| **operating instructions** | Gebrauchsanweisung / Bedienungs- / anleitung |
| **directions for use** | |
| | |
| **home market /** | Binnenmarkt |
| **domestic market** | |
| Our associates in Spain produce smaller versions for the domestic market. | Unsere Teilhaber in Spanien stellen kleinere Versionen für den Binnenmarkt her. |
| foreign market | Auslandsmarkt |

## FAQs

### What is "droolproof paper"?

If somebody says operating instructions are written on drool-proof paper, it means they have been simplified to a point where even a 4-year old can understand them. One may say: "These directions are written on drool-proof paper". It is a negative term which evaluates the writer or the text as foolish – for example, this quotation from a LaserWriter manual: "Do not expose your LaserWriter to open fire or flame".

# Services
## Dienstleistungen

→ 1.1 Location, Size & Structure / Sitz, Größe & Struktur

They also serve who only stand and wait. (John Milton, English poet, 1608 – 74)

| | |
|---|---|
| **service** | Dienstleistung |
| repair / translation / secretarial service | Reparatur- / Übersetzungs- / Schreibdienst |
| | |
| 24-hour service | Tag- und Nachtdienst |
| freight service | Frachtdienst |
| poor service a | schlechter Service |
| self-service | Selbstbedienung |
| electronic service | elektronischer Service |
| service sector, the | der Dienstleistungsbereich |
| be of service | behilflich sein |
| We look forward to being of further service to you. | Sehr gerne sind wir Ihnen auch weiterhin behilflich. |
| We are at your service. | Wir stehen Ihnen gerne zur Verfügung. |
| | |
| combine **services** | Dienstleistungen kombinieren |
| We could work together on projects where our services can be combined. | Wir könnten an Projekten zusammenarbeiten, in denen unsere Dienstleistungen kombiniert werden können. |
| | |
| offer / provide services | Dienstleistungen anbieten |
| range of services | Dienstleistungspalette |
| | |
| **customer relations** | Kundenbeziehungen |
| customer service / servicing / after-sales service | Kundendienst |
| customer services representative | Kundendienstberater(-in) |
| customer care | Kundenbetreuung |
| | |
| **installation** | Montage |
| **hotline** | Servicetelefon / telefonischer Beratungsdienst |
| | |
| **rely on sb** | sich auf jdn verlassen |
| Can we rely on them to have it ready by Monday? | Können wir uns darauf verlassen, dass sie es bis Montag fertig haben? |
| reliable / trusted / dependable | zuverlässig |

**2**

| | |
|---|---|
| We should be presenting ourselves as a reliable company, with a good after-sales service. | Wir sollten uns als zuverlässige Firma mit gutem Kundendienst vorstellen. |
| reliability | Zuverlässigkeit |
| reliability test | Zuverlässigkeitstest |

| | |
|---|---|
| **excellent** | hervorragend |
| **exceptional** | außergewöhnlich |
| **prompt** | unverzüglich / sofort |
| We can guarantee prompt delivery. | Wir können sofortige Lieferung garantieren. |

| | |
|---|---|
| **flexible** | flexibel, anpassungsfähig |
| flexibility | Flexibilität |
| adaptability | Anpassungsfähigkeit |
| **efficient** | leistungsfähig, effizient |
| efficiency | Effizienz |

| | |
|---|---|
| **on request** | auf Wunsch |

| | |
|---|---|
| **supply** | Angebot / Lieferung, beliefern |
| supply with | beliefern mit |
| **meet expectations** | Vorstellungen / Erwartungen entsprechen |
| If your services meet our expectations, we'll be happy to place more orders with you. | Sollten Ihre Dienstleistungen unseren Vorstellungen entsprechen, sind wir gerne bereit, Ihnen weitere Aufträge zu erteilen. |

| | |
|---|---|
| **optimize** | optimieren |
| optimal | optimal |

| | |
|---|---|
| **logistics** | Logistik |
| logistics services | Logistikleistungen |
| logistics control | Logistik-Controlling |

## FAQs

### What's "W-cubed"?

Cubed = *hoch 3 genommen*, therefore "W-cubed" or "$W^3$". A product, service or a person's philosophy is "W-cubed" if the customer is treated as king and the sales service and after-sales service are excellent and prompt. "W-cubed" stands for "whatever, wherever, whenever the customer wants it".

# Work
## Arbeit

# Applying
## Bewerben

→ 3.2 Recruiting & Appointing / Einstellung & Ernennung

The devil finds work for idle hands. (English proverb, first appeared 1721)

| | |
|---|---|
| **job seeker** | Arbeitssuchende(r) |
| job-hunting | Arbeitsplatzsuche |
| | |
| **employment** | Beschäftigung, Anstellung, Arbeit |
| **employer** | Arbeitgeber(-in) |
| former employer | ehemalige(r) Arbeitgeber(-in) |
| present employer | derzeitige(r) / heutige(r) Arbeit-geber(-in) |
| I have been with my present employer for the last three years. | Ich bin seit drei Jahren bei meinem derzeitigen Arbeitgeber. |
| prospective employer | potentielle(r) / voraussichtliche(r) Arbeitgeber(-in) |
| | |
| **unemployed** | arbeitslos |
| unemployment | Arbeitslosigkeit |
| unemployment rate | Arbeitslosenquote |
| The unemployment rate hasn't been so low since 1998. | Die Arbeitslosenquote war seit 1998 nicht mehr so gering. |
| out of a job / out of work | ohne Arbeit |
| **self-employed** | selbstständig / freiberuflich |
| | |
| **labour market / job market** | Arbeitsmarkt |
| | |
| **make enquiries** | sich erkundigen / anfragen |
| **be interested in** | interessiert sein an |
| I am interested in the position you have advertised. | Ich bin an der Stelle interessiert, die Sie ausgeschrieben haben. |
| **join a firm** | in eine Firma eintreten |
| | |
| **apply for a job** | sich um eine Stelle bewerben |
| apply in person / in writing | sich persönlich / schriftlich bewerben |
| **applicant** | Antragsteller(-in), Bewerber(-in) |
| **application** | Antrag, Bewerbung |
| Please send your application with the usual particulars to our Personnel Office. | Bitte richten Sie Ihre Bewerbung mit allen üblichen Unterlagen an unsere Personalabteilung. |
| fill in a form / complete a form (AE: fill out a form) | ein Formular ausfüllen |
| application form | Antrags- / Bewerbungsformular |

| | |
|---|---|
| Complete the application form overleaf and send it to us. | Füllen Sie das umseitige Antragsformular aus und senden Sie es an uns. |
| **chronological order** | chronologische Reihenfolge |
| **block letters** | Druckbuchstaben |
| **typewritten** | maschinengeschrieben |
| **complete** | vollständig |
| **brief** | kurz |
| **covering letter** | Begleitschreiben / einführender Brief |
| **curriculum vitae** (= CV, c.v.) (AE: résumé) | Lebenslauf (Siehe Musterbriefe & -faxe, S. 194) |
| **enclose** | beilegen |
| I enclose my CV and a copy of my school certificate. | Ich lege meinen Lebenslauf und mein Schulabgangszeugnis bei. |
| enclosure | Anlage |
| **tabular / in tabular form** | tabellarisch |
| **profile** | persönliches Profil |
| know-how and training profile | Wissens- und Ausbildungsprofil |
| **search** | suchen |
| **full details / detailed information** | ausführliche Informationen |
| personal details | Angaben zur Person |

 *Keine Pluralformen für* information!

| | |
|---|---|
| *Würden Sie mir die Informationen bitte zufaxen, sobald Sie es einrichten können?* | Would you fax me the information when you can, please? |
| *ausführliche / viele / weitere Informationen* | detailed / much / further information |
| *eine Information* | a piece of information |

| | |
|---|---|
| **skill / ability** | Fähigkeit, Fertigkeiten, Können, Geschick |
| range of ability | Bandbreite der Fähigkeiten |
| keyboarding | Texteingabe |
| My duties included keyboarding and business correspondence. | Zu meinen Aufgaben gehörten Texteingabe und Geschäftskorrespondenz. |
| keyboarding skills | Fähigkeiten bei der Texterfassung |
| keyboarder | Texterfasser(-in) |
| core skills | Schlüsselqualifikationen |

**1**

| | |
|---|---|
| **main achievements** | wichtige Leistungen |
| **experience** | Erfahrung |
| work experience / professional experience / employment history | Berufserfahrung / berufliche Erfahrung |
| lack of experience | Mangel an Erfahrung |
| **in advertising / in the field of advertising** | in der Werbebranche |
| **opportunity** | Gelegenheit |
| take the opportunity | die Gelegenheit nutzen |
| **post / position** | Posten, Stelle |
| managerial position | leitende Stellung |
| position of responsibility | verantwortungsvolle Position |
| **recommend** | empfehlen |
| I was recommended for a traineeship. | Ich wurde für eine Lehrlingsposition empfohlen. |
| recommendation | Empfehlung |
| **certificate** | Zeugnis, Bescheinigung |
| school-leaving certificate | Schulabgangszeugnis |
| **overall grade** | Gesamtnote |
| **knowledge** | Wissen |
| Knowledge of various computer systems would be an advantage. | Kenntnisse in unterschiedlichen Computersystemen wären von Vorteil. |
| general knowledge | Allgemeinwissen |
| basic knowledge | Grundkenntnisse |
| **word processing** | Textverarbeitung |
| **computer-literate** | computerkundig |
| **language** | Sprache |
| language skills | Sprachkenntnisse |
| We would like to appoint a senior manager with language skills. | Wir möchten eine Führungskraft mit Sprachkenntnissen einstellen. |
| foreign language / native language | Fremd- / Muttersprache |
| French / Spanish / Russian / Italian | Französisch / Spanisch / Russisch / Italienisch |
| have a command of foreign languages | Fremdsprachen beherrschen |
| A good command of English is required. | Gute Englischkenntnisse werden verlangt. |
| commercial English | Handelsenglisch |
| **native speaker** | Muttersprachler(-in) |

| elementary / advanced | Anfänger- / Fortgeschrittenen- |
|---|---|

| | |
|---|---|
| fluent | fließend |
| economics | Volkswirtschaftslehre |
| business administration / business studies | Betriebswirtschaft(slehre) |
| information technology (= IT) | Informatik |

| | |
|---|---|
| letter of introduction | Empfehlungsschreiben |
| letter of reference / reference / testimonial | Referenz / Zeugnis |
| give sb's name as a reference / referee | jdn als Referenz abgeben |
| My last employer is willing to act as referee / to provide a reference. | Mein letzter Arbeitgeber ist bereit, mir eine Referenz zu schreiben. |
| write sb a reference | jdm eine Referenz schreiben |

---

**Info-Box**

*Angaben zur Person, um Formulare auszufüllen*

| **Surname** | Familienname, Nachname |
|---|---|
| Maiden Name | Mädchenname |
| First Name(s) / Forename(s) | Vorname(n) |
| **Sex** male / female | Geschlecht männlich / weiblich |
| **Marital status** married / single (unmarried) / divorced | Familienstand / -status verheiratet / ledig (unverheiratet) / geschieden |
| **Nationality** German German national | Staatsangehörigkeit Deutsch / Deutsche(r) deutsche(r) Staatsbürger(-in) |
| **Date of Birth** (= d/b) | Geburtsdatum |
| **Age** | Alter |
| **Place of Birth / Birthplace** | Geburtsort |
| Place of Residence | Wohnort |
| **Address** | Adresse |
| Home Address | Privatadresse |
| Business Address | Geschäftsadresse |

| | |
|---|---|
| **Passport No.** | Pass Nr. |
| Issued at | ausgestellt in |
| **Education /** **Educational background** | Schul- / Ausbildung |
| **subject/s** | Fach / Fächer |
| **primary school** | Grundschule |
| comprehensive school | Gesamtschule |
| secondary school | Sekundarstufe 1 u. 2 |
| high school | Gymnasium |
| vocational school | Berufsschule, berufsbildende Schule |
| **sixth-form college** | gymnasiale Oberstufe als selbstständige Schule |
| vocational college | Berufsfachschule |
| commercial college | Handelsschule |
| business college | höhere Wirtschaftshochschule |
| technical college | Fach(ober)schule |
| advanced technical college | Fachhochschule |
| **university** | Universität |
| **Work Record /** **Employment History** | Berufserfahrung / berufliche Erfahrung |
| **Occupation /** **Profession** | Beruf |
| **Present Post** | derzeitige Stelle |
| **Residence Abroad** | Auslandsaufenthalt |
| **Qualifications** | Zeugnisse, Bildungsabschlüsse, Qualifikationen |
| Professional Qualifications | berufliche Qualifikationen |
| Additional Qualifications a | sonstige Kenntnisse |
| Recognised Qualifications | anerkannte Qualifikationen |
| **Hobbies / Outside / Interests** | Hobbys |
| **Signature** | Unterschrift |
| **Witnessed by** | bezeugt durch |
| **Date** | Datum |

**Beachten Sie:** *Wenn Sie in einem englisch verfassten Formular ein Kästchen ankreuzen wollen, so setzen Sie kein Kreuzchen (✗) ein, wie im Deutschen, sondern ein Häkchen (✔).*

# FAQ

## What is the difference between a letter of reference and a testimonial?

In everyday English, the phrases are interchangeable (= austauschbar). But, strictly speaking, a letter of reference is private and confidential (= persönlich / vertraulich). It is a report (= Bericht) on a job applicant, sent by one individual (eg a former employer) to another (eg the prospective employer). The applicant does not normally see a letter of reference.

A testimonial is also a report about the applicant, written by (for example) a former employer. But the testimonial is given to the applicant him- or herself. It can then be shown to any prospective employer at any future time. One can say that, with job applications, a good letter of reference has more value (= Wert) than a good testimonial.

## 3

## 2

# Recruiting & Appointing
## Einstellung & Ernennung

→ 3.3 Pay, Duties & Employment Contracts / Gehälter, Aufgaben & Arbeitsverträge

What is worth doing is worth the trouble of asking somebody to do it. (Ambrose Bierce, US poet and story writer, 1842–1914)

| | |
|---|---|
| **prospects** | Aussichten |
| **be promoted** | befördert werden |
| **promotion** | Beförderung |
| promotion prospects / opportunities for promotion | Aufstiegsmöglichkeiten / Aufstiegschancen |
| **equal opportunity / equal opportunities** | Chancengleichheit |
| **age limit** | Altersgrenze |
| The age limit for applicants is 35. | Bewerber dürfen das 35. Lebensjahr nicht überschritten haben. |
| | |
| **career** | Karriere |
| career path | beruflicher Werdegang |
| career prospects | Karriereaussichten |
| | |
| **excellent** | ausgezeichnet |
| **exciting** | aufregend |
| | |
| **develop** | entwickeln |
| **rise** | aufsteigen |
| **suit** | passen |
| The position would suit a single person. | Die Stelle eignet sich für alleinstehende Personen. |
| **attract** | anlocken |
| **recruit** | rekrutieren / anwerben |
| **consider sb for a position** | jdn für eine Stellung in Erwägung ziehen |
| At the moment, six candidates are being considered for the job. | Zur Zeit werden sechs Kandidaten für die Stellung in Erwägung ge-zogen. |
| **engage / appoint / take on** | einstellen / ernennen |
| He was appointed managing director. | Er wurde zum Geschäftsführer ernannt. |
| | |
| **vacancy / opening** | freie Stelle, offene Stelle |
| advertise a vacancy | ein Stellenangebot ausschreiben |

| | |
|---|---|
| situations vacant | offene Stellen |
| newspaper ad | Zeitungsinserat |
| Internet ad | Internetanzeige |
| We've just updated our Internet ad to include the salary scale. | Wir haben gerade unsere Anzeige im Internet aktualisiert, um die Gehaltsskala mit einzubeziehen. |
| job ad | Stellenanzeige |
| **jobcentre** | Arbeitsamt (staatlich) |
| job creation scheme | Arbeitsbeschaffungsmaßnahmen |
| **employment agency** | privater Arbeitsvermittler |
| staff agency | Personalvermittlung |

---

**Info-Box**

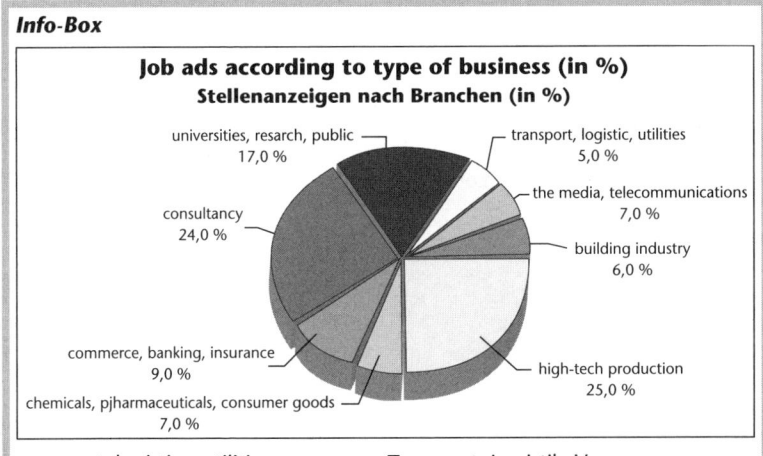

**Job ads according to type of business (in %)**
**Stellenanzeigen nach Branchen (in %)**

universities, resarch, public — 17,0 %
transport, logistic, utilities — 5,0 %
the media, telecommunications — 7,0 %
consultancy — 24,0 %
building industry — 6,0 %
commerce, banking, insurance — 9,0 %
high-tech production — 25,0 %
chemicals, pjharmaceuticals, consumer goods — 7,0 %

| | |
|---|---|
| transport, logistics, utilities | Transport, Logistik, Versorgungs- unternehmen |
| the media, telecommmunications | Medien, Telekommunikation |
| building industry | Bauindustrie |
| high-tech production | High-Tech-Fertigungs-Industrie |
| chemicals / pharmaceuticals, consumer goods | Chemie / Pharma, Konsumgüter |
| commerce, banking, insurance | Handel, Banken, Versicherungen |
| consultancy | Beratung |
| universities, research, public services | Hochschulen, Forschung, öffentliche Dienstleister |

---

| | |
|---|---|
| **appointment** (job) | Stelle, Ernennung |
| appointment (interview) | Termin, Verabredung |
| arrange an appointment | einen Termin vereinbaren |
| I'd like to arrange an appointment for the 12th of March. | Ich möchte einen Termin für den 12. März vereinbaren. |
| arrange for | veranlassen |

**2**

| | |
|---|---|
| arrangement | Vereinbarung, Abmachung |
| **confidential** | vertraulich |
| Is my application confidential? | Ist mein Antrag vertraulich? |
| **put questions** | Fragen stellen |
| **if requested** | auf Wunsch |
| **interview / job interview** | Einstellungs- / Vorstellungsgespräch |
| telephone interview | telefonisches Einstellungsgespräch |
| | |
| **be available** | zur Verfügung stehen |
| I am available for interview at any time. | Ich stehe jederzeit für ein Einstellungsgespräch zur Verfügung. |
| **conduct an interview** | ein Vorstellungsgespräch führen |
| | |
| **panel** | Kommission |
| | |
| **candidate** | Bewerber(-in) |
| screen candidates | Bewerber überprüfen |
| **aptitude test** | Eignungstest |
| We ask all candidates to take an aptitude test as a matter of course. | In der Regel bitten wir alle Kandidaten, einen Eignungstest zu absolvieren. |
| | |
| **strengths** | Stärken |
| **weaknesses** | Schwächen |
| | |
| **polite** | höflich |
| **clever** | klug |
| **promising** | vielversprechend |
| **impressive** | eindrucksvoll |
| **hard-working / industrious** | fleißig |
| **co-operative** | entgegenkommend, kooperativ |
| **helpful** | hilfsbereit; nützlich |
| **efficient** | tüchtig, leistungsfähig |
| **enterprising** | einfallsreich, erfindungsreich |
| **reliable** | zuverlässig |
| **ambitious** | ehrgeizig |
| **discreet** | diskret |
| **flexible** | flexibel |
| **responsible** | verantwortungsbewusst |
| | |
| **sense of responsibility** | Verantwortungsbewusstsein |
| sense of humour | Sinn für Humor |
| business sense | Geschäftssinn |
| | |
| **self-confidence** | Selbstvertrauen |
| **determination** | Entschlossenheit |
| **attitude** | Einstellung |

| | |
|---|---|
| **dynamism** | Dynamik |
| **right qualities**, the | die richtigen Eigenschaften |
| He has exactly the right qualities. | Er hat genau die richtigen Eigenschaften. |
| leadership qualities | Führungsqualitäten |

**expect sth from a job** — etw von einem Job erwarten
It's important to know what you expect from a job – apart from the money. — Es ist wichtig zu wissen, was Sie außer dem Geld von einem Job erwarten.

**become eligible** — sich qualifizieren
You become eligible for this scheme after 3 months service. — Nach dreimonatiger Dienstzeit sind Sie für dieses Programm qualifiziert.

**be part of one's work** — Bestandteil der eigenen Arbeit sein
Was translating part of your work at HBD? — War Übersetzen Bestandteil Ihrer Arbeit bei HBD?

**process applications** — Bewerbungen bearbeiten

**selection process** — Auswahlverfahren
**assess** — bewerten
assessment — Bewertung
**impression** — Eindruck

**shortlist** — Auswahlliste, engere Wahl
be short-listed — in die engere Wahl kommen
All the short-listed applicants will be invited for interview. — Alle in die engere Wahl genommenen Bewerber werden zu einem Vorstellungsgespräch eingeladen.

**job offer** — Stellenangebot
**accept** — annehmen
**decline** — ablehnen
**rejection** — Ablehnung

**congratulations** — herzliche Glückwünsche
**be delighted** — erfreut sein

**starting date** — Anfangsdatum
starting salary — Anfangsgehalt

## FAQ

### What does it mean to to pay lip service to an idea?

"To pay lip service to an idea" could be translated with *Lippenbekenntnis zu einer Idee ablegen*. In business, somebody might seem – on the surface (= *nach außen hin*) – to agree to a company's plan or project, but he privately disagrees. One may say "So far, he has paid lip service to the project. But he'll soon tell us what he really thinks about it."

### What does "CLM" stand for?

It stands for "**c**areer-**l**imiting **m**ove" and implies (= *beinhaltet*) everything you may do, unintentionally (= *unabsichtlich*), which might annoy or insult your superiors (= *Ihre Vorgesetzten ärgern oder beleidigen*). For example, if you corrected your supervisor's pronunciation (= *Aussprache*) at a company party, this would certainly be a CLM.

→ 1.3 Personnel / Personal

Work expands to fill the time available for its completion. (C. Northcote Parkinson, US historian & writer, born 1909)

| | |
|---|---|
| **job** | Arbeit / Aufgabe / Stelle / Verantwortung |
| It's my job to tie up all the loose ends. | Meine Aufgabe ist es, noch offene Detailfragen zu klären. |
| job description / job specification | Stellenbeschreibung |
| job security | Sicherheit des Arbeitsplatzes |
| secure job | sicherer Arbeitsplatz |
| temporary / permanent job | befristete / feste Stelle |
| All appointments are temporary at first. | Alle Anstellungen sind zunächst befristet. |
| job-sharing | Arbeitsplatzteilung |
| **duties / responsibilities** | Aufgaben |
| **work** | Arbeit, arbeiten |
| The work involves a great deal of translation. | Die Arbeit besteht zu einem großen Teil aus Übersetzungen. |
| administrative work | Verwaltungsarbeit |
| craft work | Handwerk |
| routine work | Routinearbeit |
| temporary work | Arbeit als Aushilfskraft, Zeitarbeit |
| work freelance | freiberuflich tätig sein |
| work permit | Arbeitserlaubnis |
| work under high pressure | unter hohem Druck arbeiten |
| When urgent orders come in, everyone has to work under pressure. | Wenn dringende Bestellungen hereinkommen, muss jeder unter Druck arbeiten. |
| workplace | Arbeitsplatz |
| work overtime | Überstunden machen |
| work time and a half | Überstunden zum anderthalbfachen Tarif machen |
| overtime (= OT) | Überstunden |
| flexitime | gleitende Arbeitszeit, Gleitzeit |
| We have a flexitime system here. | Wir haben hier Gleitzeit. |
| start / stop work at … | um … mit der Arbeit beginnen / die Arbeit beenden |

| | |
|---|---|
| stop + ing | *aufhören etw zu tun* |
| stop + infinitive | *aufhören, um etw anderes zu tun* |

We stopped working at three o'clock.

*Wir hörten um drei Uhr auf zu arbeiten.*

We stopped (in order) to work on the accounts around 11.

*Gegen elf hörten wir auf, um an der Buchhaltung zu arbeiten.*

| | |
|---|---|
| **working conditions** | Arbeitsbedingungen |
| working hours | Arbeitszeit |
| working week (AE: workweek) | Arbeitswoche |
| We work a 35-hour week. | Wir arbeiten 35 Stunden pro Woche. |
| working atmosphere | Arbeitsklima |
| teleworking | Telearbeit |
| homeworking | Heimarbeit |
| short-time working | Kurzarbeit |
| When orders drop off after Christmas, most of the staff are put on short-time. | Wenn die Bestellungen nach Weihnachten nachlassen, müssen die Mitarbeiter Kurzarbeit leisten. |

| | |
|---|---|
| **worker** | Arbeiter(-in) |
| full-time / part-time workers | Vollarbeits- / Teilzeitkräfte |
| occasional worker / casual worker | Gelegenheitsarbeiter |
| office worker | Büroarbeiter(-in), Büroangestellte(r) |
| outworker | Heimarbeiter(-in) |
| blue-collar / white-collar worker | Arbeiter(-in) / Angestellte(r) |
| skilled worker | Facharbeiter(-in) |
| skilled / semi-skilled / unskilled | ausgebildet / angelernt / ungelernt |

| | |
|---|---|
| **employer** | Arbeitgeber(-in) |
| **employee** | Arbeitnehmer(-in) |
| **temp / temporary** | Zeitarbeitskraft |
| **colleague** | Kollege (-in) |
| This is Kurt Binder, a colleague of mine. | Das ist mein Kollege Kurt Binder. |

| | |
|---|---|
| **dress** | Kleid |
| dress code | Kleidervorschriften, Kleiderordnung |
| smartly dressed | elegant, schick angezogen |
| There's no dress code, but you're expected to be presentable. | Es gibt keine Kleiderordnung, aber man erwartet, dass Sie ordentlich angezogen sind. |

| | |
|---|---|
| **staff appraisal** | Personalbeurteilung |

**look after / deal with**

Herr Riedel here will deal with any matters relating to contracts and salary.

**cope with**

He knows how to cope with difficult customers.

**keep records / keep a record of**

**holiday** (AE: vacation) / **leave**
The staff arrange their holiday dates so that the office is always manned.

be on holiday / be on leave
maternity / paternity leave
holiday entitlement
You're entitled to 25 days holiday a year.
holiday dates
staggered holidays
annual leave
leave of absence
**days off**
be given time off
off sick
**medical insurance / health insurance**
medical certificate
national insurance contributions
(AE: social security contributions)
**pension scheme**

**pay**
**salary**
basic pay / basic salary
The basic salary is shown in this table.

pay scale / salary scale
pay rise
pay by the hour
hourly rate
well-paid job

sich kümmern um, erledigen, sich befassen mit
Herr Riedel hier wird sich um alle Fragen bezüglich der Verträge und des Gehalts kümmern.

fertig werden mit, zurechtkommen mit
Er weiß, wie man mit schwierigen Kunden fertig wird.

Buch führen, (schriftlich) festhalten

Urlaub, Ferien
Die Belegschaft richtet ihre Urlaubstermine so ein, dass das Büro immer besetzt ist.

im Urlaub sein, Urlaub haben
Mutter- / Vaterschaftsurlaub
Urlaubsanspruch
Ihnen stehen 25 Tage Urlaub im Jahr zu.
Urlaubstermine
zeitversetzte Ferien
Jahresurlaub
Beurlaubung
freie Tage
frei bekommen, freigestellt werden
krankgeschrieben
Krankenversicherung

Attest, Krankschreibung
Beiträge zur Sozialversicherung

Rentenversicherung

Bezahlung / Lohn / Gehalt
Gehalt
Grundgehalt
Das Grundgehalt ist in dieser Tabelle aufgeführt.
Lohn- / Gehaltsskala, Gehaltstabelle
Gehaltserhöhung
pro Stunde bezahlen
Stundenlohn
gut bezahlte Arbeit

**3**

| | |
|---|---|
| take-home pay | Nettoverdienst / -lohn |
| performance-related pay (= PRP) | leistungsbezogenes Gehalt |
| **wage** / **wages** | Lohn / Löhne |
| wage earner | Lohnempfänger |
| minimum wage | Mindestlohn |
| **tax deductions** | Steuerabzüge |
| **earnings** | Einkommen, Verdienst |
| actual earnings | Effektivlohn |
| average earnings | Durchschnittsverdienst |
| additional earnings | Nebenverdienste |
| | |
| **bonus** | Prämie, Zulage, Zuschlag |
| Each month there's a bonus for the highest-selling rep. | Es gibt jeden Monat eine Prämie für den Vertreter mit den höchsten Verkaufsraten. |
| special bonus | Sondervergütung, -zuschlag |
| incentive bonus | Anreizprämie |
| output bonus | Produktionsprämie |
| There's a Christmas bonus for the retail staff. | Es gibt einen Weihnachtsbonus für die Mitarbeiter im Einzelhandel. |
| **gratuity** | Sondervergütung, Zuwendung |
| **commission** | Provision |
| commission of 15%, a | eine Provision von 15% |
| | |
| **season ticket** (AE: commuter ticket) | Saisonkarte |
| meal ticket | Essensmarke |
| **canteen** | Kantine |
| **assistance** | Unterstützung, Zuschuss |
| | |
| **car allowance** | *in etwa*: Kilometergeld |
| company car | Firmenwagen |
| You'd have the use of a company car. | Es stünde Ihnen ein Firmenwagen zur Verfügung. |
| **commute** | pendeln |
| **park and ride** (= P&R) | *in etwa*: parken und pendeln |
| | |
| relocation costs / removal expenses | Umzugskosten |

 *Die Nomen* costs *und* expenses *sind oft austauschbar: z. B.* legal costs *oder* legal expenses (= *Anwaltskosten*).

| | |
|---|---|
| **dismiss** | entlassen |
| dismissal | Entlassung |
| unfair dismissal | ungerechtfertigte Entlassung |
| get the sack / be dismissed | entlassen werden / gekündigt werden |

A rep can be dismissed, if he fails to meet his month's quota.

Ein Vertreter kann entlassen werden, wenn er das monatliche Verkaufsziel nicht erreicht.

give sb the sack

jdn entlassen

**notice / period of notice**

Kündigungsfrist

A month's notice can be given on either side.

Beide Seiten haben eine Kündigungsfrist von einem Monat.

at a week's notice
short notice
give notice / hand in one's notice / quit / resign

mit einwöchiger Kündigungsfrist
kurzfristig
kündigen

**job cuts**
**make sb redundant**
redundant staff
redundancy payment / severance payment
**early retirement**
take early retirement

Stellenkürzungen
jdn entlassen
entlassene Arbeitskräfte
Abfindung(szahlung)

Vorruhestand
vorzeitig in Rente gehen / in den Vorruhestand treten

**employment contract**
short-term contract

Arbeitsvertrag
Vertrag mit kurzer Laufzeit

**probation period / trial period**
There's a 3 months probation period for all new appointments.

Probezeit
Für alle Neueinstellungen gibt es eine dreimonatige Probezeit.

**trade/s union** (= TU) (AE: labor union)
union member
membership
voluntary membership

Gewerkschaft

Gewerkschaftsmitglied
Mitgliedschaft
freiwillige Mitgliedschaft

**length of service**

Dienstzeit

## FAQs

### What are "perks"?

Perks (short for "perquisites") are advantages (= *Vorteile*) which come with the job, apart from the pay. Examples of perks are free health insurance (= *Krankenversicherung*), free meals, a company car. Perks are also known as "fringe benefits".

# Training
## Aus- & Fortbildung

→ 1.3 Personnel / Personal

Give a man a fish and you feed him for a day. Teach a man to fish and you feed him for a lifetime. (Chinese proverb)

**settle in**
**get to know / learn the ropes**
**be familiar with sth / to know the ropes**
It's important for all new staff to be familiar with graphs and statistics.

sich einleben
sich in etwas einarbeiten
sich mit etw auskennen / mit etw vertraut sein
Es ist wichtig, dass sich alle neuen Mitarbeiter mit graphischer Darstellung und Statistik auskennen.

**familiarize oneself with a new job**
**learning-by-doing**

sich in einen neuen Job einarbeiten

Lernen durch praktische Anwendung

**train**
We train staff in the necessary technical skills.

ausbilden, schulen
Wir bilden das Personal in den notwendigen technischen Kenntnissen aus.

training course
training programme
We're gradually integrating computer graphics work into our training programme.
training officer / training manager
vocational training / further vocational training
on-the-job training

Ausbildung, Lehre
Ausbildungsprogramm
Wir integrieren schrittweise Computergraphik in unser Ausbildungsprogramm.
Ausbildungsleiter(-in)
berufliche Bildung, Berufsausbildung

Ausbildung am Arbeitsplatz

in-house training / in-service training
Our representatives first receive in-house training.
Our training base is in Hamburg.

innerbetriebliche Ausbildung
Zuerst erhalten unsere Vertreter eine innerbetriebliche Ausbildung.
Unser Schulungszentrum ist in Hamburg.

training contract
foreign language training
**retrain**
retraining
**day release**

Ausbildungsvertrag
Fremdsprachentraining
umschulen
Umschulung
(tageweise) Freistellung (im dualen Ausbildungssystem)

| | |
|---|---|
| **practical, (period of) practical training** | Praktikum |
| **apprentice / trainee** | Auszubildende(r), Lehrling |
| apprenticeship | Lehre |
| serve an apprenticeship | Lehre absolvieren |
| **enrol** (AE: enroll) **in a course** | sich für einen Lehrgang / Kurs einschreiben |
| take a course in electronics | an einem Elektronik-Lehrgang / -Kurs teilnehmen |
| refresher course | Auffrischungskurs |
| evening course | Abendkurs |
| **exam / examination** | Prüfung |
| sit / take an exam | eine Prüfung machen |
| study for an exam | für eine Prüfung lernen |
| pass an exam / fail an exam | eine Prüfung bestehen / durchfallen |
| examination board | Prüfungsbehörde |
| final examination | Abschlussprüfung |
| **grade** | benoten, zensieren |
| arrive at (a grade) | (eine Note) bestimmen |
| **entrance requirements** | Aufnahmebedingungen |
| **achievement** | Leistung |
| **practise** | üben |
| **improve** | verbessern |

## FAQs

### What are National Vocational Qualifications (= NVQs)?

They are British qualifications based on skills (= *Fähigkeiten*) and work done in the workplace, in industry and commerce. You cannot get NVQs by going to classes (= *Unterricht besuchen*).

# Conferences & Meetings

## Konferenzen & Besprechungen

4

# 4
## 1

# Conferences
## Konferenzen

→ 4.2 Formal Meetings / Sitzungen

No grand idea was ever born in a conference. But a lot of foolish ideas have died there. (F. Scott Fitzgerald, US novelist, 1896–1940)

| | |
|---|---|
| **conference** | Konferenz |
| conference facilities | Konferenzeinrichtung |
| conference report | Konferenzbericht |
| stage a conference | eine Konferenz veranstalten |
| You'll get a copy of the conference report. | Sie werden eine Kopie des Konferenzberichts erhalten. |
| welcome to a conference | zu einer Konferenz willkommen heißen |
| On behalf of the company, I'd like to welcome you to our trades conference. | Im Namen unserer Firma heiße ich Sie zu unserer Handelskonferenz willkommen. |
| **participate** | teilnehmen |
| **participant** / **delegate** | Teilnehmer(-in) |
| We're expecting 75 participants, apart from the speakers. | Wir erwarten außer den Sprechern 75 Teilnehmer. |
| **attend** | anwesend sein, teilnehmen, besuchen |
| attendance | Anwesenheit |
| attendance list | Anwesenheitsliste |
| **venue** | Tagungsort |
| **turn up** | erscheinen |
| If an extra ten or twenty people turned up, could you fit them in? | Falls weitere zehn oder zwanzig Leute erscheinen würden, könnten Sie sie aufnehmen? |
| **take place** | stattfinden |
| **gather** | sich treffen |
| **small talk** | oberflächliche Konversation |
| **arrange** | veranlassen |
| Would you please arrange the room in advance? | Würden Sie den Raum bitte vorher herrichten? |
| **make arrangements** | organisieren |
| seating arrangement | Sitzordnung |

| | |
|---|---|
| We prefer a frontal / round table / U-form seating arrangement. | Wir bevorzugen eine frontal ausgerichtete / kreisförmig angeordnete / hufeisenförmige Sitzordnung. |
| keep to arrangements | sich an Vereinbarungen halten |
| **timetable** | terminieren / einen Zeitplan aufstellen, Zeitplan / Stundenplan |
| We'll stick to the timetable as closely as we can. | Wir werden uns so gut wie möglich an den Zeitplan halten. |
| conference timetable | Konferenzprogramm |
| **session** | Sitzung |
| opening / closing session | Eröffnungs- / Schlusssitzung |
| **host** | Gastgeber(-in) sein |
| **get things started** | einen Anfang machen |
| Let's get started. | Lassen Sie uns beginnen. |
| **kick-off** | Beginn, Anstoß |
| **speech** | Vortrag |
| speech of welcome | Willkommensgruß |
| **punctuality** | Pünktlichkeit |
| **name card / name tag** | Namenskärtchen / Namensschild |
| May I ask you all to wear your name tags, please? | Darf ich Sie bitten, Ihre Namensschilder zu tragen? |
| **topic / subject** | Thema |
| **introduction** | Vorstellung; Einleitung, Einführung |
| **introductory** | Einführungs- |
| **speaker** | Redner(-in) |
| keynote speaker | Hauptredner(-in) |
| introduce the speakers | die Redner vorstellen |
| It's my great pleasure to introduce to you Mr Tim Harvey. | Es freut mich sehr, Ihnen Herrn Tim Harvey vorstellen zu dürfen. |
| **attention** | Aufmerksamkeit |
| May I have your attention, please? Can you all hear me? | Darf ich um Ihre Aufmerksamkeit bitten? Können Sie mich alle hören? |
| **need help** | Hilfe benötigen |
| Should you need any help, please see Frau Weil. | Sollten Sie Hilfe benötigen, wenden Sie sich bitte an Frau Weil. |
| **to your satisfaction** | zu Ihrer Zufriedenheit |
| I hope you find everything to your satisfaction. | Ich hoffe, es ist alles zu Ihrer Zufriedenheit. |

**raise questions**

Feel free to raise questions at any time.

Are there any (further) questions?

Fragen stellen

Zögern Sie nicht, jederzeit Fragen zu stellen.

Gibt es (noch weitere) Fragen?

**break**

We'll have a break at about 10.30.

coffee / tea break
lunch break

Pause

Wir werden gegen 10.30 Uhr eine Pause machen.

Kaffee- / Teepause
Mittagspause

*Wollen Sie eine Konferenz veranstalten? Hier eine Checkliste der Einrichtungen, die Sie eventuell buchen müssen:*

## CHECKLIST

| | |
|---|---|
| **Meeting room** | Sitzungszimmer / Tagungsraum |
| **Conference room** | Konferenzraum |
| **Auditorium** | Saal |
| **– for how many people?** | für wie viele Personen? |
| **– seating capacity** | Sitzkapazität |
| **Seating arrangement** | Sitzordnung |
| **– lecture style** | Anordnung wie für einen Vortrag (mit nach vorne gerichteten Stuhlreihen) |
| **– meeting style** | Anordnung wie für eine Sitzung |
| **– horseshoe arrangement** | Anordnung in Hufeisenform |
| **Smaller rooms for group meetings / "break-out" rooms** | Kleinere Räume für informelle Gespräche |
| **Stage** | Bühne |
| **Rostrum** | Podest |
| **Amenities / facilities** | Einrichtungen |
| **Restaurant / bar** | Restaurant / Bar |
| **Refreshments** | Erfrischungen |
| **Drinks machine** | Getränkeautomat |
| **Tannoy** | Lautsprecheranlage |
| **Excellent acoustics** | hervorragende Akustik |

| Flip chart | Flip-chart |
|---|---|
| Audio visual facilitis | Audiovisuelle Einrichtungen |
| – laptop | – Laptop |
| – compact disk player<br>(= CD) | – CD-Player |
| – overhead projector<br>(= OHP) | – Tageslichtprojektor |
| – video projector | – Beamer |
| Folder | Mappe, Faltprospekt |
| Screen | Leinwand |
| Transparencies | Folien |
| Whiteboard | Tafel, weißes Brett |
| Photocopier | Fotokopier |
| Business centre with<br>internet facilities | Business-Center mit<br>Internet-Verbindung |
| Access to airport / rail station<br>(eg shuttle service, taxi) | Zugang zum Flughafen / Bahnhof<br>(z. B. Pendelverkehrservice, Taxi) |

## FAQ

### How can I start and maintain small talk?

To do this is in a polite and non-intrusive manner (= auf höfliche und nicht aufdringliche Art), form questions with the "five Ws" (who? what? when? where? why?). These will start the conversation and keep it going, as they cannot be answered with a straight "yes" or "no".

# Formal Meetings
## Sitzungen

→ 4.1 Conferences / Konferenzen

| | |
|---|---|
| **meeting** | Besprechung / Tagung / Sitzung / Versammlung |
| preliminary meeting | Vorbesprechung |
| annual general meeting (= AGM) | Jahreshauptversammlung |
| The AGM will be held on January 30th. | Die Jahreshauptversammlung wird am 30. Januar abgehalten. |
| board meeting | Vorstandssitzung |
| boardroom | Vorstandszimmer, Führungsetage |
| reserve a meeting room | einen Tagungsraum reservieren |
| I would like to reserve a meeting room from 9.00 am to 5.00 pm. | Ich möchte einen Tagungsraum von 9.00 Uhr bis 17.00 Uhr reservieren. |
| call a meeting | eine Sitzung einberufen |
| hold a meeting | eine Besprechung abhalten |
| be in charge of a meeting | eine Sitzung leiten |
| open / close a meeting | eine Tagung eröffnen / schließen |
| interrupt a meeting | eine Sitzung unterbrechen |

---

| | |
|---|---|
| must not | *nicht dürfen* |
| do not have to (or: need not) | *nicht müssen* |
| We mustn't interrupt the meeting – let's wait till it's over. | *Wir dürfen die Sitzung nicht unterbrechen – warten wir, bis sie beendet ist.* |
| Page 19 has to be changed – but we needn't change page 20. | *Seite 19 muss geändert werden – Seite 20 müssen wir jedoch nicht ändern.* |

---

| | |
|---|---|
| **agenda** | Tagesordnung |
| keep to the agenda | sich an die Tagesordnung halten |
| item (on the agenda) | Tagesordnungspunkt |
| That's the next item on the agenda. | Das ist der nächste Tagesordnungspunkt. |

| | |
|---|---|
| **greet** | (be)grüßen |
| **brief** | informieren |
| I'd like to brief you on the latest developments. | Ich würde Sie gerne über die neuesten Entwicklungen informieren. |
| **break off** | abbrechen |
| **comment** | Bemerkung |

| comment on | kommentieren, Bemerkungen machen zu |
| Could I just comment on that? | Könnte ich dazu etwas sagen? |
| **contribution** | Beitrag |
| make a contribution | einen Beitrag leisten |
| **go on to discuss sth** | als Nächstes etw diskutieren |

---

| go on to + infinitive | *etw (Neues) als Nächstes tun* |
| go on + -ing | *etw weiterhin tun* |

Right, that point has been settled – could we go on to discuss contracts now?

It was late, but they went on talking till they came to an agreement.

*In Ordnung, dieser Punkt ist geklärt – könnten wir als Nächstes die Verträge besprechen?*
*Es war spät, aber sie fuhren fort mit der Besprechung, bis sie zu einer Einigung kamen.*

---

| **motion** | Antrag |
| put forward / bring forward a motion | einen Antrag stellen |
| second a motion | einen Antrag unterstützen |
| speak for / against a motion | sich für / gegen einen Antrag aussprechen |
| reject a motion | einen Antrag ablehnen |
| carry a motion | einen Antrag durchbringen / annehmen / beschließen |

| **take a vote** | abstimmen |
| Can we vote on that? | Können wir darüber abstimmen? |
| vote for / against | abstimmen für / gegen |
| casting vote | ausschlaggebende Stimme |
| voting right / right to vote | Stimmrecht |
| **show of hands** | Handabstimmung / Abstimmung durch Handzeichen |

| **ballot** | Stimmabgabe |
| The ballot will be held directly after the meeting. | Die Stimmabgabe erfolgt direkt nach der Versammlung. |
| **elect** | wählen |
| **gain control** | Kontrollfunktionen übernehmen |
| **put off** | jdn (auf später) vertrösten |
| **ratify** | ratifizieren, genehmigen |
| The decision still has to be ratified by the committee. | Die Entscheidung muss vom Ausschuss noch ratifiziert werden. |

| **suggest** | vorschlagen |
| I suggest we discuss the schedule. | Ich schlage vor, dass wir den Terminplan besprechen. |
| suggestion / proposal | Vorschlag |

**2**

| | |
|---|---|
| **recommend** | empfehlen |
| recommendation | Empfehlung |
| **announce** | ankündigen |
| announcement | Ankündigung |
| **postpone** | verschieben |
| **reject** | ablehnen |
| **go into details** | ins Einzelne / Detail gehen |
| Without going into details, I'd like to give you an outline of the plan. | Ohne ins Detail zu gehen möchte ich Ihnen einen Überblick über unseren Plan geben. |
| | |
| **stick to the point** | bei der Sache bleiben |
| **circulate** | in Umlauf bringen |
| **draw up** | entwerfen |
| **implement** | aus- / durchführen |
| **bring up** | zur Sprache bringen |
| **raise a question** | eine Frage zur Sprache bringen |
| I'd like to raise a question about the cost analysis. | Ich möchte gern eine Frage über die Kostenanalyse zur Sprache bringen. |
| | |
| **consensus** | Konsens |
| **unanimous/ly** | einstimmig |
| **majority** | Mehrheit |
| **decision** | Entscheidung |
| majority decision | Mehrheitsbeschluss |
| in the majority / minority | in der Mehrheit / Minderheit |
| **against** | gegen |
| **in favour of** | für |
| The majority is / are in favour of the idea. | Die Mehrheit ist für die Idee. |
| **abstain** | sich (der Stimme) enthalten |
| abstention | Stimmenenthaltung |
| **objection** | Einwand |
| **chair / chairman / chairwoman / chairperson** | Vorsitzende(r), (Gesprächs)Leiter(-in) |
| speak through the chair | sich über den Vorsitzenden zu Wort melden |
| address the chair | sich an den Vorsitzenden wenden |
| **committee** | Ausschuss |
| planning / finance / management committee | Planungs- / Finanz- / Führungs-ausschuss |
| | |
| **procedure** | Verfahren, Ablauf |
| suggested procedure | vorgeschlagene Verfahrensweise |
| **minutes** | Protokoll |
| keep / take the minutes | Protokoll schreiben / führen |
| **quorum** | beschlussfähige Mehrheit |
| have / constitute a quorum | beschlussfähig sein |

| | |
|---|---|
| **adjourn** | vertagen |
| The meeting is adjourned till tomorrow morning. | Die Sitzung wird auf morgen früh vertagt. |
| adjournment | Vertagung |
| **amendment** | (Ab)Änderung |
| **approval** | Genehmigung |
| **resolution** | Beschluss(fassung), Resolution |
| adopt / pass a resolution | eine Resolution annehmen |
| | |
| **sum up / summarise** | zusammenfassen |
| summary | Zusammenfassung |
| **gist** | die Hauptpunkte / das Wesentliche |
| Could you give me the gist of it? | Könnten Sie mir die Hauptpunkte / das Wesentliche erläutern? |
| | |
| **outline** | Überblick geben |
| **clarify** | klären |
| clarify a position | Standpunkt klarstellen |
| **seek clarification** | um Klärung bitten |
| | |
| **other business** | Sonstiges |
| Any Other Business (= AOB) | Sonstiges |
| | |
| **permission** | Erlaubnis |
| **I take your point.** | Das kann ich verstehen. |
| **controversial** | umstritten, kontrovers |
| **discreet/ly** | diskret |
| **secret/ly** | geheim |
| | |
| **time to do sth** | Zeit (sein) etw zu tun |
| It's about time / It's high time. | Es ist höchste Zeit. |
| | |
| **facts** | Tatsachen |
| in view of these facts | angesichts dieser Tatsachen |
| Let's keep to the facts! | Bleiben wir auf dem Boden der Tatsachen! |

## FAQs

**How big should the "space bubble" (ie speaking distance) be between conversation partners?**

Anglo-Americans would regard about half a metre as a comfortable personal conversation space when standing and talking. This would be considered too close by Asians, who require a bigger "space bubble". On the other hand, conversation partners from South America or the Mediterranean stand extremely close to each other when talking.

# Meeting Customers
## Kunden treffen

→ 5.3 Negotiating / Verhandeln

The customer is an object to be manipulated, not a concrete person whose aims the businessman is interested to satisfy. (Erich Fromm, US psychoanalyst, 1900–80)

| | |
|---|---|
| **customer / client** | Kunde |
| satisfied customer, a | ein zufriedener Kunde |
| first-time customer | Neukunde |
| | |
| **do business** | Geschäfte tätigen |
| do business with sb | mit jdm Geschäfte machen / tätigen |
| It's a pleasure to do business with you. | Es ist sehr angenehm, mit Ihnen geschäftlich zu tun zu haben. |
| How's business? | Wie gehen die Geschäfte? |
| get down to business | zur Sache kommen, an die Arbeit gehen |
| business matters | Geschäftsangelegenheiten |
| business people | Geschäftsleute |
| business lunch | Geschäftsessen |
| business call | Geschäftsbesuch |
| | |
| **make an appointment** | einen Termin vereinbaren |
| For our next meeting, I suggest Tuesday the 24th. | Für unser nächstes Treffen schlage ich Dienstag, den 24., vor. |
| cancel an appointment | einen Termin absagen |
| | |
| **call on sb** | jdn besuchen |
| call by | einen Besuch abstatten |
| I'll be in Leipzig next week. I'd like to call by. | Ich bin nächste Woche in Leipzig. Ich würde Ihnen gern einen Besuch abstatten. |
| **touch base with sb** (AE) | sich bei jdm melden |
| **greet** | begrüßen |
| **chat** | plaudern |
| **socialise** | freundschaftliche Kontakte pflegen |
| **suggest** | vorschlagen |
| I suggest we meet in the lounge at 8. | Ich schlage vor, wir treffen uns um 8 im Foyer. |
| | |
| **pick up** | abholen |
| I'll pick you up in the hotel at 8 o'clock. | Ich hole Sie um 8 Uhr im Hotel ab. |
| **invite to a drink** | zu einem Drink einladen |
| Why don't we meet for a drink at the bar? | Treffen wir uns doch zu einem Drink an der Bar? |

**invite to a meal**
May I invite you to meet me
for lunch?
**run into difficulty**
Let me know if you run into any
difficulty.
**main difficulty,** the
As I understand it, the main difficulty
is cashflow, right?
**main aspects,** the
OK, let's look at the main aspects to
be dealt with here.

zum Essen einladen
Darf ich Sie zum Mittagessen
einladen?
auf Schwierigkeiten stoßen
Lassen Sie es mich wissen, falls Sie
auf Schwierigkeiten stoßen.
Hauptproblem
Soweit ich es verstehe, ist der
Kapitalfluss das Hauptproblem.
die Hauptaspekte
Gut, lassen Sie uns einmal die Hauptaspekte ansehen, mit denen wir uns
hier befassen müssen.

**offer help**
Perhaps I can help you.

Hilfe anbieten
Vielleicht kann ich Ihnen helfen.

**start straight away**
If you're ready, we can start straight
away.
**put sb in the picture** / **fill sb in**
May I put you in the picture / fill
you in?
**run-down**
Let me give you a run-down on the
production figures.

gleich anfangen
Wenn Sie bereit sind, können wir
gleich anfangen.
jdn ins Bild setzen
Darf ich Sie ins Bild setzen?

das Wichtigste in Kürze
Lassen Sie mich kurz das Wichtigste
über die Produktionszahlen
zusammenfassen.

**promise**
**on first-name terms**

Versprechen, versprechen
per du

**pleasant journey** / **trip**
Did you have a pleasant journey / trip?

angenehme Reise
Hatten Sie eine angenehme Reise?

**say goodbye**

sich verabschieden

### FAQs

**What is "face time"?**

That's the time you spend interacting with another person (eg a customer)
face-to-face. It means you're not interacting with a computer, a phone or
any other electronic device (= *Gerät*). You may say: "Yes, I know Katz – I
spent some face time with him in Birmingham".

# Working out Deals
## Geschäfte ausarbeiten

# 5
## 1

# Planning
## Planung

→ 5.2 Proposals / Vorschläge

Plans get you into things, but you got to work your way out. (Will Rogers, US actor and humourist, 1879–1935)

| | |
|---|---|
| **planning** | Planung |
| planning committee | Planungsausschuss |
| The planning committee's report is due next month. | Der Bericht des Planungsausschusses wird nächsten Monat erstattet. |
| carry out a plan | einen Plan durchführen |
| | |
| **purpose** | Zweck |
| **aim / objective** | Ziel |
| We've achieved all our aims. | Wir haben alle unsere Ziele erreicht. |
| short-term / middle-term / long-term aim | kurzfristiges / mittelfristiges Ziel / langfristiges Ziel |
| main objective | Hauptziel |
| It's our main objective to quickly develop market-ready products. | Unser Hauptziel ist, Produkte schnell zur Marktreife zu bringen. |
| | |
| **enable sb to do sth** | es jdm ermöglichen / jdn befähigen, etwas zu tun |
| | |
| **organize** | organisieren |
| **mean / intend to do sth** | vorhaben, etw zu tun / etw zu tun gedenken |

| | |
|---|---|
| mean to + infinitive<br>mean + -ing | *etw tun wollen / etw absichtlich tun bedeuten* |
| What do you mean / intend to do about this? | *Was gedenken Sie dagegen zu tun?* |
| We've received a big order – this will mean working overtime. | *Wir haben einen großen Auftrag erhalten – das bedeutet Überstunden.* |

| | |
|---|---|
| **expand** | erweitern |
| We're about to expand our market into Britain. | Wir sind gerade dabei, unseren Markt auf Großbritannien zu erweitern. |
| | |
| **diversify** | diversifizieren |
| We might diversify – for instance, move into consulting. | Wir könnten diversifizieren – zum Beispiel in den Beratungssektor einsteigen. |

**diversified**
**companies with a diverse**
  **background**

aufgefächert, diversifiziert
Unternehmen mit einem breit-
  gefächerten Hintergrund

**relocate**
It would make sense to relocate, and
  get rent-free premises.

verlegen / umsiedeln
Es wäre sinnvoll, unseren Standort zu
  verlegen und mietfreie Grundstücke
  zu bekommen.

**scale down**
The retail operation needs to be
  scaled down.

herunterschrauben
Der Einzelhandelsbetrieb muss
  heruntergeschraubt werden.

**work on sth**
Could you work on that, and let us
  know the results?

etw bearbeiten
Könnten Sie das bearbeiten und uns
  die Ergebnisse mitteilen?

**consider sth**
The venture is too small for us to
  consider.

in Erwägung ziehen
Das Unternehmen ist zu klein, als
  dass wir es in Erwägung ziehen
  könnten.

**be willing to consider sth**

We'd be willing to consider a part-
  ownership with you.

bereit sein, etw in Erwägung zu
  ziehen
Wir wären bereit, eine Miteigen-
  tümerschaft mit Ihnen in Erwägung
  zu ziehen.

**capture**
capture part of the market
Our aim is to gain an 80 % share of
  the market.
slice of the market
**exploit**

erobern
Teil des Marktes erobern
Unser Ziel ist, einen Marktanteil
  von 80 % zu erreichen.
Marktanteil
nutzen

**need time**
I'll need about 10 days, so my people
  can look at those figures.

Zeit benötigen / brauchen
Ich brauche ungefähr 10 Tage, damit
  meine Mitarbeiter sich diese Zahlen
  ansehen können.

**time frame / schedule**
preliminary schedule
fall behind schedule
time scale
give an idea of the time scale

Zeitplan
provisorischer Zeitplan
in Rückstand geraten
zeitliche Größenordnung
eine Vorstellung von der zeitlichen
  Größenordnung geben

time limit
put a time limit on sth

zeitliche Begrenzung
etw befristen

**1**

| | |
|---|---|
| **provisional** | provisorisch |
| **outsourcing** | Auslagerung von Unternehmens-aktivitäten |
| **downsizing** | Stellenabbau, Verschlanken |
| **gap in the market** | Marktlücke, Marktnische |
| fill a real gap in the market | eine richtige Marktlücke schließen |
| **breakthrough** | Durchbruch |
| **postpone plans** | Pläne verschieben |
| The rationalisation plans have had to be postponed till the market picks up. | Die Rationalisierungspläne mussten verschoben werden, bis sich der Markt erholt. |
| **new product**, a | ein neues Produkt |
| develop a new product | ein neues Produkt entwickeln |
| product innovation | Produktinnovation |
| **abandon a project** | ein Vorhaben aufgeben |
| **back to the drawing board** | noch einmal von vorne (anfangen) |
| We'll have to get back to the drawing board. | Wir müssen noch einmal von vorne anfangen. |
| **research** | Forschung(en), -sarbeit(en) / forschen |
| research facilities | Forschungseinrichtungen |
| research unit | Forschungsgruppe |
| We've got our research unit looking into it. | Unsere Forschungsgruppe untersucht es gerade. |
| research assistant | Forschungsassistent(-in) |
| research & development (= R&D) | Forschung & Entwicklung (= F&E) |
| **business and efficiency analyses** | Geschäfts- und Effizienzanalysen |
| **restructure** | neuordnen, umstrukturieren |
| We're thinking about restructuring our sales network. | Wir denken daran, unser Vetriebsnetz umzustrukturieren. |
| restructuring | Neuordnung, Restrukturierung |
| **expand into** | in ... expandieren |
| We're expanding into countries where English has developed as a second language. | Wir expandieren in Länder, in denen sich Englisch als Zweitsprache etabliert hat. |

| | |
|---|---|
| **forward strategy** | Vorwärtsstrategie |
| new strategies | neue Strategien |
| | |
| **patent** | patentieren, Patent |
| patented | patentiert |
| apply for a patent / file a patent application | ein Patent anmelden / beantragen |
| | |
| We'd better apply for a patent on this design. | Wir sollten lieber ein Patent auf dieses Design beantragen. |
| under patent law | patentrechtlich |
| | |
| **field work** | Feldforschung |
| **dummy run / test run** | Probelauf |

## FAQs

### What is a SWOT Analysis?

It is an analysis of the **S**trengths (= *Stärken*), **W**eaknesses (= *Schwächen*), **O**pportunities (= *Möglichkeiten*) and **T**hreats (= *Gefährdungen*) to be considered when planning a business project. A SWOT analysis answers questions like these:

THE COMPANY
**S**trengths: What are the company's core competences?
**W**eaknesses: What things can the company not do well?

THE MARKET
**O**pportunities: Which parts of the market are attractive? What changes in it could the company exploit?
**T**hreats: Which parts of (or changes in) the market could create difficulties or dangers for the company?

### What's a 'time sink'?

Any project which takes a very long time and is therefore undesirable (= *nicht wünschenswert*).

# 5
# 2

# Proposals

Vorschläge

→ 5.1 Planning / Planung

Man proposes; God disposes. (English proverb)

| | |
|---|---|
| **suggestion / proposal** | Vorschlag |
| **look at** | anschauen |
| Let's first look at our fixed costs before we talk about this new proposal. | Lassen Sie uns zunächst unsere Fixkosten anschauen, bevor wir über diesen neuen Vorschlag reden. |
| look into sth | etwas prüfen |
| Let's look into the likely costs. | Lassen Sie uns die voraussichtlichen Kosten prüfen. |
| **be interested in sth** | an etw interessiert sein |
| Would you be interested in an agency to promote your goods in Germany? | Wären Sie an einer Agentur interessiert, die in Deutschland für Ihre Waren wirbt? |
| **take down** | notieren |
| **random notes** | ungeordnete Notizen |
| **business idea** | Geschäftsidee |
| We've come up with a lot of ideas for new business. | Wir haben eine Menge neuer Geschäftsideen erarbeitet. |
| **on the face of it** | auf den ersten Blick |
| On the face of it, the idea looks good. | Auf den ersten Blick macht die Idee einen guten Eindruck. |
| **be worth doing / be worthwhile** | sich lohnen |
| Do you think it's worth doing / worthwhile? | Meinen Sie, dass sich das lohnt? |
| It's worth exploring the Portuguese market. | Es lohnt sich, den portugiesischen Markt zu erkunden. |
| **try out sth** | etw ausprobieren |
| **to be certain** | um sicher zu gehen |
| To be certain, we'd need an independent analysis. | Um sicher zu gehen, brauchen wir ein unabhängiges Gutachten. |
| **take as a basis** | zu Grunde legen |

**co-operate / collaborate /
  work together**
The three companies have co-operated
  on the project.
co-operation

Thanks for your co-operation.
**complement**
Our companies' product ranges
  complement each other perfectly.

complementary

**merge**
merger / amalgamation
We hope the merger will strengthen
  our competitiveness.

European company mergers

cross-border business merger
**joint venture**

**partner company**
trading partner
trading links
**consortium**
**on both sides**
A merger would mean substantial
  savings on both sides.

**profit from sth**
There's a good chance of both
  companies profiting from this.

**start-up costs**
cost-benefit analysis (= CBA)
cost-sharing
We're sharing the production costs.
likely costs
rough calculation of costs
total costs

**takeover**
hostile takeover
protect oneself against unwanted
  takeovers

zusammenarbeiten

Die drei Firmen haben bei dem
  Projekt zusammengearbeitet.
Unterstützung / Zusammenarbeit /
  Mitarbeit
Vielen Dank für Ihre Unterstützung.
sich ergänzen
Die Produktpaletten unserer Unter-
  nehmen ergänzen sich
  hervorragend.
ergänzend, komplementär

zusammenschließen / fusionieren
Zusammenschluss / Fusion
Wir hoffen, der Zusammenschluss
  wird unsere Wettbewerbsfähigkeit
  stärken.
europäische Firmenzusammen-
  schlüsse
grenzüberschreitende Fusion
Beteiligungs- / Gemeinschafts-
  unternehmen
Partnerfirma
Handelspartner
Handelsverbindungen
Konsortium
auf / für beide Seiten
Eine Fusion würde für beide Seiten
  wesentliche Einsparungen
  bedeuten.

von etw profitieren
Es ist wahrscheinlich, dass beide
  Firmen davon profitieren.

Anlaufkosten
Kosten-Nutzen-Analyse
Kostenteilung
Wir teilen uns die Produktionskosten.
voraussichtliche Kosten
Vorkalkulation
Gesamtkosten

Übernahme einer Gesellschaft
feindliche Übernahme
unerwünschte Firmenüber-
  nahmen vereiteln

**2**

| | |
|---|---|
| **risk** | Risiko |
| In sharing the project, we'll be sharing the risk. | Indem wir das Projekt teilen, teilen wir auch das Risiko. |
| | |
| financial risk | finanzielles Risiko |
| take a risk / run a risk | ein Risiko eingehen |
| carry a risk | ein Risiko auf sich nehmen |
| The question is: are we willing to carry the risk? | Die Frage lautet: Sind wir bereit, das Risiko auf uns zu nehmen? |
| reduce the risk | das Risiko vermindern / verringern |
| spread the risk | das Risiko verteilen |
| slight / considerable risk | geringes / beträchtliches Risiko |
| | |
| **declaration of intent / letter of intent** | Absichtserklärung |
| **incentive** | Antrieb, Anreiz |
| It will be an incentive for further steps. | Es wird ein Antrieb für weitere Schritte sein. |
| | |
| **close business relations** | intensive Geschäftsbeziehungen |

## FAQs

### How is a joint venture started?

The first step is to find a suitable (= *geeignet*) partner company. Officially, negotiations begin with a Letter of Intent. This states that both companies are interested in starting a joint venture together. It also states the basis for further discussion.
Questions of law (= *Recht*) and contracts (= *Verträge*) have to be settled. For example, if the companies are in different countries, country A's laws may require the company in country B to invest at least a quarter (= *ein Viertel*) of the capital. Before the joint venture can really get started, the companies have to agree on the sharing of profits (= *Gewinnbeteiligung*), the sharing of risks and losses (= *Verluste*), the method of management and the ownership (= *Besitz*) of properties.

### What does 'kudos' mean?

It means approval (= *Zustimmung*) or congratulations (= *Glückwünsche*). You may say "Staiger's proposal was quite brilliant. No wonder she got kudos from the CEO."

### What does 'give the nod' mean?

To give the nod to someone or something means to agree, believing the person or plan is a winner (= *Gewinner*).

# Negotiating
## Verhandeln

→ 4.3 Meeting Customers / Kunden treffen

There are two fools in every market: one who asks too little, one who asks too much. (Russian proverb)

| | |
|---|---|
| **deal** | Geschäft |
| strike / clinch a deal | ein Geschäft abschließen |
| | |
| It's a deal! | Abgemacht! |
| offer a deal | ein Angebot machen |
| The French company have offered us a deal. | Die französische Firma hat uns ein Angebot gemacht. |
| do a deal | ein Abkommen treffen |
| package deal | Pauschalangebot |
| | |
| **propose next steps** | die nächsten Schritte vorschlagen |
| So what's the next step? | Was ist also der nächste Schritt? |
| | |
| **negotiate** | verhandeln, aushandeln |
| negotiate with sb | mit jdm verhandeln |
| negotiate a deal | ein Geschäft aushandeln |
| Would you negotiate the freight rate, please? | Würden Sie bitte die Frachttarife aushandeln? |
| negotiating partner | Verhandlungspartner |
| | |
| **negotiation** | Verhandlung |
| conduct negotiations | Verhandlungen führen |
| matter for negotiation, a | eine Verhandlungssache |
| | |
| **exchange of views** | Meinungsaustausch |
| | |
| **bargain** | handeln, feilschen |
| make a bargain | ein gutes Geschäft machen |
| drive a hard bargain | harte Bedingungen stellen |
| | |
| **make headway** | vorankommen, Fortschritte machen |
| We made headway in the talks, but a lot still needs to be discussed. | Wir haben Fortschritte in den Gesprächen gemacht, aber es gibt noch viel zu besprechen. |
| | |
| **break down / fall through** | scheitern |
| | |
| breakdown of negotiations | Scheitern der Verhandlungen |

**3**

| **start all over again** | wieder von vorne anfangen |
| starting point | Ausgangspunkt |

**review one's options** — die eigenen Optionen überprüfen

We need to review our options before we decide.

Wir müssen unsere Optionen noch einmal überprüfen, bevor wir uns entscheiden.

**give sth in return for sth else** — etw für etw anderes geben

**change one's mind** — seine Meinung ändern

If you change your mind, please let us know as soon as possible.

Falls Sie Ihre Meinung ändern, lassen Sie es uns bitte so bald wie möglich wissen.

**have priority** — Vorrang haben

| **request** | bitten |
| **stress** | betonen |

| **pool resources** | Ressourcen zusammenlegen |
| **come to terms** | sich einigen |

**agree** — sich einigen, zustimmen

| We can agree to that. | Wir können dem zustimmen. |
| Can we agree on that? | Können wir uns darauf einigen? |
| agreed | vereinbart |
| It's agreed then. | Wir sind uns also einig. |
| By all means! | Aber natürlich! |
| Yes, certainly. | Ja, sicher. |

**agreement** — Vereinbarung / Abmachung / Abkommen

| under the agreement ... | nach (unserer) Vereinbarung ... |
| Under the agreement, you'll have to provide one third of the cost. | Nach (unserer) Vereinbarung müssen Sie ein Drittel der Kosten tragen. |

| reach an agreement | eine Vereinbarung treffen |
| stick to an agreement | sich an eine Abmachung halten |
| break an agreement | ein Abkommen brechen |
| gentleman's agreement | Vereinbarung auf Treu und Glauben |

| binding agreement | verbindliche Vereinbarung |
| reciprocal agreement | gegenseitiges Abkommen |
| written agreement | schriftliche Vereinbarung |

| | |
|---|---|
| unwritten agreement / verbal agreement | mündliche Vereinbarung |
| hammer out an agreement | eine Vereinbarung unter Schwierigkeiten zustande bringen |
| It was difficult, but we finally hammered out an agreement. | Es war schwierig, aber schließlich haben wir eine Vereinbarung zustande gebracht. |

| | |
|---|---|
| **approve a project** | ein Projekt genehmigen |
| approval | Genehmigung, Zustimmung |
| **go-ahead** | grünes Licht |

| | |
|---|---|
| **lapse** | verfallen / ablaufen / hinfällig werden |
| The agreement will lapse in 3 months. | Die Vereinbarung wird in drei Monaten hinfällig. |

| | |
|---|---|
| **misunderstanding** | Missverständnis |

| | |
|---|---|
| **solve a problem** | ein Problem lösen |
| main problem, the | das Hauptproblem |
| problem area, a | ein Problembereich |
| The two remaining problem areas are transport costs and safety. | Die beiden verbleibenden Problembereiche sind Transportkosten und Sicherheit. |

| | |
|---|---|
| **find a solution** | eine Lösung finden |
| I hope that, between us, we'll find a solution. | Ich hoffe, dass wir unter uns eine Lösung finden werden. |

| | |
|---|---|
| **persuade** | überreden |
| Couldn't you persuade your manager to agree? | Könnten Sie Ihren Manager nicht dazu überreden, zuzustimmen? |

| | |
|---|---|
| **meet sb halfway** | jdm auf halbem Wege entgegenkommen |
| I'm willing to meet you halfway on this. | Ich bin bereit, Ihnen hier auf halbem Wege entgegenzukommen. |

| | |
|---|---|
| **keep an offer open** | ein Angebot aufrechterhalten |
| Can you keep that offer open for two months? | Können Sie das Angebot zwei Monate aufrechterhalten? |

| | |
|---|---|
| **interrupt** | unterbrechen |
| Excuse me for interrupting, but we've overlooked this item. | Entschuldigen Sie, dass ich unterbreche, aber wir haben diesen Posten übersehen. |

**3**

**refer back to / come back to**
I'd like to come back to this point.

auf etw zurückkommen
Ich würde gerne auf diesen Punkt
zurückkommen.

**see eye-to-eye**
I'm glad we see eye-to-eye on this.

der gleichen Ansicht sein
Ich freue mich, dass wir hierüber
der gleichen Ansicht sind.

**without obligation**

unverbindlich

**first option**
If you give us first option, we'll agree
to pay for future orders in advance.

Vorkaufsrecht
Wenn Sie uns das Vorkaufsrecht
geben, werden wir zukünftige
Bestellungen im Voraus bezahlen.

**favourable / unfavourable**

günstig / ungünstig

**joint/ly**

gemeinsam

**plus**
on the plus side

Pluspunkt
als Pluspunkt

**aim**
The aim would be to introduce both
products to the German public.

Ziel
Ziel wäre es, beide Produkte der
deutschen Öffentlichkeit
vorzustellen.

**interpreter**
We need an interpreter who speaks
German.

Dolmetscher(-in)
Wir brauchen einen Dolmetscher,
der Deutsch spricht.

## FAQs

### What does it mean to give someone the raspberry?

It means to disagree with or disapprove of somebody (= *jdn missbilligen*) or
somebody's suggestions. You may say: "The Board of Directors has given our
CEO the raspberry".

# Consultants & Advice
## Berater & Beratung

No enemy is worse than bad advice. (Sophocles, Greek dramatist, 5th century BC)

**advice** — Rat / Empfehlung
offer advice — Beratung anbieten
investment advice — Anlageberatung
take legal advice — sich juristisch / rechtlich beraten lassen

**advise** — raten / empfehlen
advise sb — jdn beraten
Could you advise us? — Könnten Sie uns beraten?
We'll be happy to advise you on your hardware needs. — Wir beraten Sie gerne hinsichtlich Ihres Hardwarebedarfs.
**advisory** — beratend

**make use of** — in Anspruch nehmen
We make use of interpreting and translating services. — Wir nehmen Dolmetscher- und Übersetzungsdienste in Anspruch.

**consult with** — sich beraten mit
**consultant / advisor / adviser** — Berater(-in)
Should you have further questions, please conact your personal consultant. — Bei Rückfragen wenden Sie sich bitte an Ihren persönlichen Berater.
tax / marketing / management consultant — Steuer- / Vertriebs- / Unternehmens- berater(-in)
I'd advise you to let a tax consultant handle this. — Ich rate Ihnen, dies von einem Steuerberater erledigen zu lassen.
employ / engage / take on a consultant — einen Berater einstellen / bemühen
We're employing a British consultant to help us enter the British market. — Wir stellen einen britischen Berater ein, der uns helfen soll, in den britischen Markt einzusteigen.
consultant's fee — Beraterhonorar
**consultancy costs** — Beratungskosten
Is there any chance of sharing consultancy costs with other local companies? — Besteht irgendeine Möglichkeit, die Beratungskosten mit anderen ortsansässigen Firmen zu teilen?

**expert knowledge / special knowledge** — Fachwissen

**4**

| | |
|---|---|
| **business specialist** | Geschäftsfachmann / -frau |
| **lawyer** | Rechtsanwalt / Rechtsanwältin |

**bring sb up to date** — jdn auf den neuesten Stand bringen

keep sb up-to-date — jdn auf dem Laufenden halten
Our management consultant keeps us up-to-date with any information that might be useful to us. — Unser Unternehmensberater versorgt uns mit den neuesten Informationen, die für uns von Nutzen sein könnten.

**depend on** — darauf ankommen, davon abhängen
**muddle through** — sich durchwursteln, sich durchschlagen

We don't have all the necessary information, so we'll have to muddle through. — Wir verfügen nicht über alle notwendigen Informationen, daher müssen wir uns (irgendwie) durchwursteln.

**company law** — Unternehmensrecht
contract law / law of contract — Vertragsrecht / Schuldrecht
copyright law — Urheberrecht
commercial law — Handelsrecht
lawful practice — rechtmäßiges Handeln
code of practice — Verhaltensregeln
**Companies Act, the** — Gesetz über die Kapitalgesellschaften
**legal questions** — Rechtsfragen
The legal questions may take some time to clear up. — Die Klärung der Rechtsfragen kann einige Zeit in Anspruch nehmen.

**instructions** — Anweisungen
We await your instructions. — Wir warten auf Ihre Anweisungen.

## FAQ

### What's a 'hired gun'?

This is a lawyer, an accountant (= *Buchhalter(-in)*) or any consultant or advisor who defends (= *verteidigt*) your company and attacks (= *greift an*) others for you.

# Expressions of Quantity
## Mengenangaben

6

# Money Quantities

## Geldbeträge

→ 6.4 Numerical Expressions / Zahlwörter

Number rules the universe. (*Motto of the Pythagoreans*)

| | |
|---|---|
| $11.75 | eleven dollars and seventy-five cents (or: eleven seventy-five) |
| £3.90 | three pounds and ninety p (p = pence) (or: three pounds ninety) |
| $2,517 | two thousand five hundred and seventeen dollars (or: twenty-five hundred and seventeen dollars) |
| 150 kg @ $4.20 per kg | a hundred and fifty kilos at four dollars twenty per kilo |
| 14.5% | fourteen point five per cent |
| 14.35% | fourteen point three five per cent |
| 14.05% | fourteen point oh five per cent |
| 2% x $210 | two per cent of two hundred and ten dollars |
| € 1,000,000 | a (or: one) million euros (= eine Million) |
| € 1,000,000,000 | a (or: one) billion euros (= eine Milliarde) |
| **at any price / at all costs** | um jeden Preis |

---

⚠️

*Genaue Geldbeträge – Einzahlverb:*     A hundred and fifty dollars **was** too much to pay.

*Unbestimmte Geldbeträge – Pluralverb:*     A lot of dollars **were** spent on this.

---

# Weights & Measures
## Gewichte & Maße

| | |
|---|---|
| **kilo**- (= 1000 times) | Kilo- (= 1000mal) |
| **deci**- (= one tenth) | Dezi- (= ein Zehntel-) |
| **centi**- (= one hundredth) | Zenti- (= ein Hundertstel-) |
| **milli**- (= one thousandth) | Milli- (= ein Tausendstel-) |

---

### Info-Box

In Großbritannien werden Entfernungen (= distance), Körpergrößen
(= height) und Gewichte (= weight) normalerweise in den traditionellen
Maßeinheiten mile, inch, pound usw gemessen. Mit zunehmender Euro-
päisierung des Landes wird das metrische System (= the metric system)
mehr und mehr an den Schulen unterrichtet und in Handel und Technik
verwendet. In den USA wird das metrische System allerdings nicht so oft
benutzt wie in Großbritannien.

---

## Weights

## Gewichte

| | |
|---|---|
| **gross weight** (= gr wt) | Bruttogewicht |
| **net weight** (= nt wt) | Nettogewicht |
| **in excess of** | über(steigen) |
| | |
| **1 grain** | 0,0648 Gramm |
| **1 gram** = 15.4 grains | ein Gramm |
| **1 pound** (= lb) | ein britisches Pfund (453,6 Gramm) |
| **1 kilogram** = 2.2046 pounds | ein Kilogramm |
| | |
| **1 metric ton** = 2204.62 pounds | eine Tonne |
| | |
| **1 ton** | 1,016 Kilogramm |

---

### Info-Box

Die britische Tonne, „ton" genannt (= 1,016 Kilogramm), wird auch als
„long ton" bezeichnet. In den USA wird normalerweise die „short ton"
(= 907 Kilogramm) verwendet. Die metrische Tonne, „metric ton" genannt,
entspricht 1000 Kilogramm.

Die Einheiten „ton" bzw „Tonne" werden normalerweise durch ein kleines
„t" nach der Zahlenangabe dargestellt, z. B. 30t.

---

**2**

## Linear measures

**1 millimetre** (= 0.03937 inch)
**1 centimetre** (= 0.3937 inch)
**1 metre** (= 39.37 inches)
**1 kilometre** (= 0.6214 mile)

**1 inch**
12 inches / **1 foot**
**1 mile**

## Längenmaße

Millimeter
Zentimeter
Meter
Kilometer

2,54 Zentimeter (= Zoll)
30,48 Zentimeter (= Fuß)
1,609 Kilometer (= Meile)

 Sowohl „foot" als auch „feet" können als Pluralformen verwendet werden, z. B. „six foot tall = six feet tall".

## Square measures

**1 square centimetre**
= 0.155 square inch
**1 square metre**
= 10.764 square feet
**1 square kilometre**
= 0.3861 square mile / 247.1 acres
**1 hectare** = 2.471 acres

**1 square inch**
= 6,45 cm²
**1 square foot**
= 929,03 cm²
**1 square mile**
= 2,59 km²

## Flächenmaße

ein Quadratzentimeter

ein Quadratmeter

ein Quadratkilometer

ein Hektar

ein Quadratzoll

ein Quadratfuß

eine Quadratmeile

## Cubic measures

**1 cubic centimetre**
= 0.061 cubic inch
**1 cubic metre**
= 35.315 cubic feet

**1 cubic inch**
= 16,387 cm²
**1 cubic foot**
= 0,028 m²

## Raummaße

ein Kubikzentimeter

ein Kubikmeter

ein Kubikzoll

ein Kubikfuß

## Measures of capacity

**1 litre** = 1.76 pints /
  0.22 gallon
**1 pint** = 0,57 Liter
**1 gallon** = 4,546 Liter

## Temperature Conversion

Fahrenheit > Centigrade (Celsius):
  Subtract 32, then multiply by 5/9.

Centigrade (Celsius) > Fahrenheit:
  Multiply by 9/5, then add 32.

## Hohlmaße

ein Liter

eine Pinte
eine Gallone

## Temperaturumrechnung

32 abziehen und mit 5/9 multiplizieren.

Mit 9/5 multiplizieren und
  32 addieren.

# Calculating
## Rechnen

## Subtracting / Deducting

65 minus / less 40 makes / equals /
  is 25.
Take 40 from 65.
40 from 65 leaves 25.
If you take / deduct 40 from 65,
  you get 25.

## Subtrahieren / Abziehen

$$65 - 40 = 25$$

## Adding

53 added to / plus / and 20 makes /
  equals / is 73.
Add 53 and / to 20.
If you add 53 to / and 20, you get 73.

## Addieren

$$53 + 20 = 73$$

## Dividing

60 divided by 5 makes / equals / is 12.
Divide 60 by 5.
If you divide 60 by 5, you get 12.

## Dividieren

$$60 \div 5 = 12$$

## Multiplying

3 times 15 makes / equals / is 45.
Multiply 3 by 15.
If you muliply 3 by 15, you get 45.

## Multiplizieren

$$3 \times 15 = 45$$

**three times as many /
  twice as much**
half as many
**three times a month**

dreimal so viele / doppelt so viel

halb so viele
dreimal im Monat

**once / twice**
twice the amount
**doubled / tripled**
  (or: **trebled**) / **quadrupled**

einmal / zweimal
die doppelte Summe
verdoppelt / verdreifacht /
  vervierfacht

# Numerical Expressions
## Zahlwörter

→ 6.1 Money Quantities / Geldbeträge

| | |
|---|---|
| **quantity** | (Bestell-)Menge |
| **equation** | Gleichung |
| **fraction** | Bruchteil |
| **ratio** | Verhältnis |
| a ratio of 50 to 1 | im Verhältnis 50 zu 1 |
| **percentage** | Prozentsatz |
| percentage point | Prozentpunkt |
| **even / odd numbers** | gerade / ungerade Zahlen |
| | |
| huge numbers | riesige Zahlen |
| **in round figures** | in runden Zahlen |
| **digit** | Stelle, Ziffer |
| single-digit / double-digit | einstellig / zweistellig |
| double-digit inflation | zweistellige Inflationsrate |
| **zero / nil / nought** | Null |
| **in numerical order** | nach Nummern geordnet |

---

### Info-Box

| | |
|---|---|
| 122 | a / one hundred and twenty-two |
| 1,355 | one thousand three hundred and fifty-five |
| 200,000 | two hundred thousand |
| 199,000 | one hundred and ninety-nine thousand |

$1^{st}$ = first • $2^{nd}$ = second • $3^{rd}$ = third • $4^{th}$ = fourth • $5^{th}$ = fifth • $6^{th}$ = sixth • $7^{th}$ = seventh • $8^{th}$ = eighth • $9^{th}$ = ninth • $10^{th}$ = tenth • $11^{th}$ = eleventh • $12^{th}$ = twelfth • $13^{th}$ = thirteenth

*Ab $13^{th}$ gilt, wenn die Zahl mit 1, 2 oder 3 endet, wird -first (= $-1^{st}$), -second (= $-2^{nd}$), -third (= $-3^{rd}$) benutzt.*

$31^{st}$ = thirty-first      $22^{nd}$ = twenty-second

$133^{rd}$ = one hundred and thirty-third

*Wenn die Zahl nicht mit 1, 2 oder 3 endet, wird ein –th angefügt.*
$4^{th}$ = fourth • $35^{th}$ = thirty-fifth • $50^{th}$ = fiftieth

| | |
|---|---|
| **the 50th day** | der 50ste Tag |
| **every three months** | alle drei Monate |
| **every third doctor / one doctor in every three** | jeder dritte Arzt |
| **two-thirds** | zwei Drittel |
| **six metres by four** | sechs mal vier Meter |
| **up to 30%** | bis zu 30 % |
| **to 2%** | auf 2 % |
| **by 25** | um 25 |
| 50 metres of cable | 50 Meter Kabel |
| some crates of beer | einige Kisten Bier |
| 20 Kilos of fax paper | 20 Kilo Faxpapier |
| 10% of the price | 10 % des Preises |
| **80p a pound** | 80 Pence das Pfund |
| **half a pound** | ein halbes Pfund |
| **half an hour** | eine halbe Stunde |
| quarter of an hour | eine Viertelstunde |
| three quarters of an hour | eine Dreiviertelstunde |
| **as a whole** | als Ganzes |

---

### Info-Box

$\frac{1}{2}$ = a / one half • ¾ = three quarters • $^5/_8$ = five eighths •
$^3/_{16}$ = three-sixteenths • 1½ = one and a half • 2 ¾ = two and three quarters
• 3 $^1/_3$ = three and a third

---

| | |
|---|---|
| **rank among sth** | zu etw. zählen |
| rank second / occupy second place | an zweiter Stelle stehen |
| **second-biggest** | zweitgrößte |
| third-best | drittbeste |
| **comprise** | umfassen |
| **be six pounds short** | sechs Pfund fehlen |
| The money paid was six pounds short. | Es wurden sechs Pfund zu wenig bezahlt. |
| **average / on average** | durchschnittlich |
| an average wage of four dollars an hour | ein durchschnittlicher Stundenlohn von vier Dollar |
| Our workers earn about 5 % above the national average. | Unsere Arbeiter verdienen ungefähr 5 % mehr als im Landesdurchschnitt. |

| **rectangular** | rechteckig |
|---|---|
| **round** | rund |
| **short** | kurz / lang |
| **square** | viereckig |

| **clockwise** | mit dem Uhrzeigersinn |
|---|---|
| anticlockwise (AE: counterclockwise) | gegen den Uhrzeigersinn |

## Jahreszahlen

| **the 1990s** | die 90er |
|---|---|
| **in the 20th century** | im 20. Jahrhundert |

| **from the Thirties** | aus den dreißiger Jahren |
|---|---|
| in / during the 1930s | in den 30er Jahren / während der 30er Jahre |
| in 1930-something | irgendwann in den 30er Jahren |

| 1903 = nineteen oh-three | neunzehnhundertdrei |
|---|---|
| 1999 = nineteen ninety-nine | neunzehnhundertneunundneunzig |
| 2001 = two thousand and one | zweitausendeins |

→ 6.6 The Time / die Zeitangabe

---

**Info-Box**

*amerikanisches Englisch:*
month - day - year                    10.12.99 = October 12, 1999
*britisches Englisch:*
day - month - year                    10.12.99 = 10 December 1999

*Im internationalen Schriftverkehr können Sie Verwechslungen vermeiden,
indem Sie eine dieser (unzweideutigen) Formen benutzen:
Ausgeschriebene Form:*
16 June 1999 • 20 September 2001
(*Auch*: the 16 th of June, 1999 • September 20th, 2001)
*Kurzform:*
16 Jun 99 • 20 Sep 01

---

on June 16 th / on 16 th of June          am 16. Juni
from the 16th to the 20th                 vom 16. bis (zum) 20.

What's the date (today)?                  Welches Datum haben wir (heute)?
Today's the sixteenth.                    Heute ist der 16.
about the third of March                  etwa am 3. März

**today**                                 heute
**this morning**                          heute Morgen
**tonight / this evening**                heute Abend

**yesterday**                             gestern
the day before yesterday                  vorgestern
**three days ago**                        vorvorgestern
three years ago                           vor drei Jahren
**last week**                             letzte Woche
a week ago today                          heute vor einer Wolche
a fortnight ago yesterday                 gestern vor zwei Wochen
some sixty years ago                      vor etwa sechzig Jahren
**for some time now**                     seit einiger Zeit
**recently / lately**                     in der letzten Zeit / in letzter Zeit

**tomorrow**                              morgen
the day after tomorrow                    übermorgen
tomorrow week                             morgen in acht Tagen

| | |
|---|---|
| **in three days time** | in drei Tagen |
| two days later | zwei Tage später |
| **in a fortnight / in two weeks** | in zwei Wochen |
| **within three weeks** | innerhalb von drei Wochen |
| within the next two months | innerhalb der nächsten zwei Monate |
| **in the near future** | in der nächsten Zeit |
| | |
| **daily** | täglich |
| **hourly** | stündlich |
| **every week** | jede Woche |
| **during the day** | tagsüber |
| **in the morning / evening** | morgens / abends |
| | |
| **at any time** | jederzeit / zu jeder Zeit |
| at a certain point in time | zu einem bestimmten Zeitpunkt |
| at noon | mittags |
| at night | nachts |
| at midnight | um Mitternacht |
| | |
| **for two days** | seit zwei Tagen |
| **since nine o'clock** | seit neun Uhr |
| **on Tuesday** | dienstags |
| **three clear days** | drei ganze / volle Tage |
| | |
| **three successive months** | drei aufeinanderfolgende Monate |
| **by the end of the week /** | bis Ende der Woche / des Monats |
| **of the month** | |
| **in the meantime** | in der Zwischenzeit |

---

 *Daten = dates oder data ?*

| | |
|---|---|
| dates (sg: date) | *Kalenderdaten* |
| On which dates does Whitsun fall | Auf welche Kalenderdaten fällt |
| this year? | Pfingsten in diesem Jahr? |
| data | *Daten, wissenschaftliche Angaben* |
| | *eine Milliarde* |

*In der Regel im Plural, im Singular aber, wenn es um Computer geht.*

| | |
|---|---|
| Look at these data. | *Sehen Sie sich diese Daten an.* |
| Is this data new? | *Sind diese Daten neu?* |

---

# 6 The Time

## Die Zeitangabe

→ 6.5 The Date / das Datum

| | |
|---|---|
| What's the time | Wie spät ist es? |
| What time do you make it? | Wie spät haben Sie es? |
| Do you have the right / exact time? | Haben Sie die richtige / genaue Zeit? |

---

**Info-Box**

**9.45 am**
nine forty-five (am) / a quarter to ten (BE) / a quarter of ten (AE) (in the morning)
**10.13 pm**
ten thirteen (pm) / thirteen minutes past ten (BE) / thirteen minutes after ten (AE) (in the evening)

*Obwohl sie in der englischen Alltagssprache weniger üblich ist, kann die „24-Stunden-Uhr" dazu benutzt werden, sich auf gedruckte Zeitpläne zu beziehen.*
**09.00**
oh-nine-hundred
**22.13**
twenty-two thirteen

| | |
|---|---|
| The train leaves at eighteen thirty-five. | Der Zug fährt um 18 Uhr 35 ab. |

---

| | |
|---|---|
| It's ... | Es ist ... |
| seven o'clock. | 7 Uhr. |
| ten past seven. | 10 (Minuten) nach 7. |
| half past six. | halb 7. |
| (a) quarter past three. | viertel nach 3. |
| (a) quarter to four. | viertel vor 4. |
| just after five. | 5 (Uhr) vorbei. |
| nearly ten. | fast 10 (Uhr). |
| about nine (o'clock). | ungefähr 9 (Uhr). |

| | |
|---|---|
| I make it seven twenty. | Nach meiner Uhr ist es 7 Uhr 20. |
| What time does it start? | Um wie viel Uhr fängt es an? |
| The clock is five minutes fast / slow. | Die Uhr geht fünf Minuten vor / nach. |

| | |
|---|---|
| **at nine am** | um 9 Uhr (morgens) |
| at 5 pm | um 5 Uhr nachmittags, um 17 Uhr |

# Trade
## Handel

# Prices & Pricing
## Preise & Preisfestsetzung

→ 6.1 Money Quantities / Geldbeträge
→ 6.3 Calculating / Rechnen

Everything is worth what its purchaser will pay for it. (Publilius Syrus, Latin writer, 1st century BC)

| | |
|---|---|
| **price** | Preis |
| purchase price | Kaufpreis |
| market price | Marktpreis |
| We'll sell below market price to get rid of the stock. | Wir werden unter dem Marktpreis verkaufen, um Lagerbestände loszuwerden. |
| fair price | angemessener Preis |
| competitive price | wettbewerbs- / konkurrenzfähiger Preis |
| competitively priced | wettbewerbsfähig im Preis |
| buying / selling price | Einkaufs- / Verkaufspreis |
| retail price (= RP) | Einzelhandelspreis |
| wholesale price | Großhandelspreis |
| trade price | Händlerpreis |
| fixed / favourable / asking price | fester / günstiger / geforderter Preis |
| Manufacturer's Recommended Price (= MRP) | Preisempfehlung des Herstellers |
| average price | Durchschnittspreis |
| $450 for 10 – that's an average price of $4.50. | $450 für 10 Stück – das ist ein Durchschnittspreis von $4,50. |
| special price | Sonderpreis |
| unit price / price per unit | Stückpreis / Preis je Einheit |
| consumer price | Verbraucherpreis |
| firm price | Festpreis |
| net price (= N/P) | Nettopreis |
| at half price | zum halben Preis |
| total price / all-in price | Gesamtpreis |
| list price / catalogue price | Katalogpreis |
| contract price | Vertragspreis |
| bottom price | niedrigster Preis |
| rock-bottom price | Tiefstpreis |
| price ex warehouse | Preis ab Lager |
| price reduction | Preisnachlass |
| price increase | Preiserhöhung |
| increase in price | teurer werden |
| price maintenance | Preisbindung |
| price range | Preisklasse |

| | |
|---|---|
| I'm pretty certain we'll find something in your price range. | Ich bin ziemlich sicher, dass wir etwas in Ihrer Preislage finden. |
| price list | Preisliste |
| We'll fax you our export price list immediately. | Wir werden Ihnen unsere Export- preisliste sofort zufaxen. |
| price-sensitive product | preisempfindliches Produkt |
| budget price | Sparpreis |
| establish a price | einen Preis festlegen |
| We've established the price at € 3.75. | Wir haben den Preis auf € 3,75 festgelegt. |
| mark a price down | einen Preis heruntersetzen |
| want to know a price | einen Preis wissen wollen |
| Our customers want to know the price of the product and when it will be delivered. | Unsere Kunden wollen den Preis des Produkts wissen und wann es geliefert wird. |
| | |
| **prices** | Preise |
| at competitive prices | zu konkurrenzfähigen Preisen |
| mark prices up | Preise erhöhen |
| adjust / beat prices | Preise ausgleichen / unterbieten |
| Prices are subject to change. | Preisänderungen vorbehalten. |
| **pricing** | Preisfestsetzung |
| pricing strategy | Preisgestaltung / -strategie |
| **overpriced** goods | überteuerte Ware(n) |
| **dumping** | zum Schleuderpreis verkaufen |
| | |
| **discount** | Rabatt |
| We'll place an order, provided you can give us a discount. | Wir werden eine Bestellung auf- geben, wenn wir von Ihnen einen Rabatt bekommen. |
| allow sb a discount | jdm Rabatt gewähren |
| sell goods at a discount | Waren mit Rabatt verkaufen |
| cash discount / quantity discount | Barzahlungs- / Mengenrabatt |
| 5 % cash discount | 5 % Skonto / 5 % bei Barzahlung |
| discount period | Skontofrist / Frist für Barzahlung |
| trade discount / special discount | Handelsrabatt / Sonderrabatt |
| claim a discount | einen Rabatt fordern |
| We'll claim a 5% discount. | Wir fordern einen 5%igen Rabatt. |
| at a discount of 10% | mit einem Rabatt von 10 % |
| We try to encourage sales by giving high discounts. | Wir versuchen, den Umsatz durch hohe Rabatte zu fördern. |
| introductory discount | Einführungsrabatt |
| As a first-time customer, you receive an introductory discount of 4%. | Als Neukunde erhalten Sie einen 4%igen Einführungsrabatt. |
| | |
| **charge** | erheben / berechnen |
| charge € 10 for delivery | € 10 Liefergebühren erheben |

**1**

**costing**
**break even**
We'll need to make another $400 to break even.

Kostenrechnung
kostendeckend arbeiten
Wir müssen noch weitere $400 verdienen, um kostendeckend zu arbeiten.

**expensive / dear**
**inexpensive / cheap**

That would be the cheapest / most expensive / slowest / quickest way.

teuer
preiswert / billig

Das wäre der billigste / teuerste / langsamste / schnellste Weg.

**quote prices / a price**

quote / quotation / estimate
accept the lowest quotation

Preise angeben / ein Preisangebot machen
Kostenvoranschlag, Preisangebot
das niedrigste Preisangebot annehmen

**estimate**
a rough / conservative estimate
I can give you a close estimate.

Schätzung / schätzen, abschätzen
eine grobe / vorsichtige Schätzung
Ich kann Ihnen eine gute Schätzung geben.

estimated (= est)
estimate of costs
put in an estimate
We've been able to estimate the likely costs.
according to our estimate

geschätzt
Kostenvoranschlag
einen Kostenvoranschlag abgeben
Wir waren in der Lage, die voraussichtlichen Kosten abzuschätzen.
nach unserer Schätzung

**overestimate / underestimate**
Don't underestimate the competition in the Japanese market.

über- / unterschätzen
Unterschätzen Sie nicht die Konkurrenz auf dem japanischen Markt.


## FAQs

**What should I consider when pricing for a foreign market (= *Auslandsmarkt*)?**
- Whether my prices will be competitive
- What discounts I should offer my foreign customers
- What pricing options (= *Möglichkeiten*) I will have if costs increase or decrease
- Whether the demand (= *Nachfrage*) in the foreign market is steady or elastic (= *stabil oder elastisch*)
- How the prices will be viewed by the foreign government (= *Regierung*).

# Buying & Selling
## Ankauf & Verkauf

2

→ 5.3 Negotiating / Verhandeln

Looking at bargains from a purely commercial point of view, someone is always cheated, but looked at with the simple eye, both seller and buyer always win.
(David Grayson, US journalist & biographer, 1870–1946)

| | |
|---|---|
| **buy** | kaufen |
| buy for cash | gegen Bar kaufen |
| two hundred pounds in cash | 200 Pfund in bar |
| buy back | zurückkaufen |
| buy-back deal | Gegengeschäft |
| buy second-hand | aus zweiter Hand kaufen |
| buy / sell forward | auf Termin kaufen / verkaufen |
| a good / bad buy | ein guter / schlechter Kauf |
| buying power / purchasing power / spending power | Kaufkraft |
| We underestimated the buying power of the Euro. | Wir haben die Kaufkraft des Euros unterschätzt. |
| bulk buying | Massenankauf / Mengeneinkauf |
| | |
| **buyer** | Käufer(-in) |
| internet buyer | Internetkäufer(-in) |
| repeat buyer | Wiederholungskäufer(-in) |
| buyers' market | Käufermarkt |
| | |
| **spend / save money** | Geld ausgeben / sparen |
| spend a lot / a little on sth | viel / wenig für etw ausgeben |
| We'd better spend a little more on security. | Wir sollten besser etwas mehr für die Sicherheit ausgeben. |
| overspend | zu viel ausgeben |
| | |
| **purchase** | Kauf / kaufen |
| regular purchase | regelmäßige Käufe |
| hire purchase | Ratenkauf |
| on hire purchase | auf Ratenzahlung |
| cash purchase | Barkauf |
| confirm a purchase | einen Kauf bestätigen |
| **purchaser** | Käufer(-in) |
| | |
| **trade** | Handel treiben |
| trade in | handeln mit / Handel treiben mit |
| We trade in semi-conductors. | Wir handeln mit Halbleitern. |
| foreign trade | Außenhandel |

**2**

| | |
|---|---|
| foreign trade risks | Außenhandelsrisiken |
| balance of trade | Handelsbilanz |
| trade surplus | Handelsbilanzüberschuss |
| trade margin | Handelsspanne |
| **trial shot** | Probeaufnahme |
| **unit** | Einheit |
| units sold | verkaufte Einheiten |
| **goods inwards / outwards** | Wareneingang / -ausgang |
| description of goods | Warenbeschreibung |
| | |
| **guarantee** | Garantie |
| The guarantee includes … | Diese Garantie schließt … ein. |
| a three-year guarantee | eine dreijährige Garantie |
| It's guaranteed for 12 months. | Darauf gibt es 12 Monate Garantie. |
| The guarantee will run out in 4 months. | Die Garantie läuft in 4 Monaten aus. |
| give a guarantee | eine Garantie geben |
| Could you give me a guarantee on that, please? | Könnten Sie mir darauf bitte eine Garantie geben? |
| | |
| **provisional** | provisorisch |
| **query** | Frage / Rückfrage |
| I've got a couple of queries about this bill. | Ich habe ein paar Fragen zu dieser Rechnung. |
| **inform** | informieren |
| **value** | Wert |
| in value | wertmäßig |
| | |
| **paperwork** | Papierkram / Schreibarbeit |
| **proforma** (or: **pro-forma**) **invoice** (= p/i) | Pro-forma-Rechnung |
| enclose a proforma invoice | eine Pro-forma-Rechnung beilegen |

| | |
|---|---|
| remember to + infinitive | *daran denken (= nicht vergessen), etw zu tun* |
| Please remember to enclose a proforma invoice. | *Bitte denken Sie daran, eine Pro-forma-Rechnung beizulegen.* |
| | |
| remember + -ing | *sich erinnern, etw getan zu haben* |
| Do you remember enclosing a proforma invoice? | *Erinnern Sie sich daran, eine Proforma-Rechnung beigelegt zu haben?* |

| | |
|---|---|
| **sell** | verkaufen |
| hard / soft sell | harte / weiche Verkaufsmethoden |
| difficult / easy to sell | schwer / leicht verkäuflich |
| sell direct | direkt verkaufen |
| sell at a loss | mit Verlust verkaufen |
| The new models are selling at a loss right now, but they're expected to show a profit by the end of the year. | Die neuen Modelle verkaufen sich im Moment mit Verlust, aber man erwartet, dass sie bis zum Ende des Jahres Gewinn einbringen. |
| sell at giveaway prices | zu Schleuderpreisen verkaufen |
| sell to the trade | an Wiederverkäufer verkaufen |
| selling | Verkauf, verkaufen |
| seller | Verkäufer(-in) |
| sellers' market | Verkäufermarkt |
| | |
| **sales pitch** | Verkaufsargument |
| **buy wholesale / sell retail** | im Großhandel einkaufen / im Einzelhandel verkaufen |
| | |
| **telesales** | Telefon- / Televerkauf |
| | |
| **sale** | Verkauf |
| cash sale | Barverkauf |
| clearance sale (AE: close-out sale) | Räumungsverkauf |
| conditions of sale | Verkaufsbedingungen |
| Our conditions of sale are on page 2 of the catalogue. | Unsere Verkaufsbedingungen befinden sich auf Seite 2 des Katalogs. |
| commission sale / sales on commission | Kommissionsverkauf, Verkauf auf Kommissionsbasis |
| point of sale (= p.o.s. / POS) | Verkaufsstelle / Verkaufsort |
| electronic point of sale (= epos / EPOS) | elektronisches Kassenterminal |
| **PIN** (= Personal Identification Number) | Geheimzahl |
| | |
| **virtual credit card** | virtuelle Kreditkarte |
| **mouse** | Maus |
| **order form** | Bestellformular |
| **password** | Kennwort |
| **protected** | geschützt |

---

### Info-Box

*Um eine virtuelle Kreditkarte (= virtual credit card) zu bekommen, besucht der Kunde die geschützte (= protected) Website seiner Bank. Dort fordert er über sein eigenes Konto eine virtuelle Kreditkarte an. Über eine PIN (= Personal Identification Number) und ein weiteres individuelles Passwort erhält der Kunde Zugang zur Bank, die ihm dann die Karte ausstellt und automatisch auf dem PC des Kunden installiert.*

**2**

*Der Kunde bezahlt online, indem er seine virtuelle Karte auf dem Bildschirm mit der Maus (= mouse) anklickt und in das Bestellformular (= order form) des Händlers zieht. Der Kunde bestätigt (= confirms) seinen Kauf (= purchase) durch die Eingabe eines individuellen Kennworts (= password), das von der kartenausgebenden Bank geprüft wird. Die Lieferanschrift, der Name und ähnliche Angaben sind bereits vom Aussteller gespeichert und müssen nicht mehr eingegeben werden – mit einem einfachen Mausklick wird der Kauf bestätigt.*

| | |
|---|---|
| **commercial directory** | Handelsverzeichnis |
| **register of companies** | Handelsregister |
| **business to business** (= B2B, BTB) | von Unternehmen zu Unternehmen |
| Almost all our Internet trade is business to business. | Fast unser gesamter Handel im Internet läuft von Unternehmen zu Unternehmen. |
| business to customer (= B2C, BTC) | vom Unternehmen zum Kunden |
| **cheat** | betrügen |
| **fraud** | Betrug |
| fraudulent | betrügerisch |

## FAQs

### What's a "garage sale"?

When a company has collected a lot of unwanted goods (= *unerwünschte Waren*), it tries to sell them at giveaway prices. There's no real hope of much profit – the main motive is to get rid of the goods (= *die Waren loswerden*).

### What's "bait and switch"?

A retailer (= *Einzelhändler*) advertises goods at a very low price, but when a customer tries to buy these goods, they're not available (= *verfügbar*). By this trick, the retailer tries to get customers into his or her store or shop, hoping they'll buy a different product which is in stock (= *vorrätig*).

# Offers & Orders

→ 7.4 Contracts & Conditions / Verträge & Bedingungen

We'll make you an offer you can't refuse. (from the film The Godfather, 1972)

| | |
|---|---|
| **offer** | Angebot |
| firm offer | Festangebot |
| written offer / binding offer | schriftliches / verbindliches Angebot (Siehe Musterbriefe & -faxe, S. 191) |
| submit / accept / revoke an offer | ein Angebot unterbreiten / annehmen / widerrufen |
| acceptance of an offer | Annahme eines Angebotes |
| or near(est) offer (o.n.o) / AE: or best offer (o.b.o) | oder gegen Höchstgebot |
| bargain offer / special offer | Sonderangebot |
| Call this number to get information about the week's special offers. | Rufen Sie diese Nummer an, um sich über die Sonderangebote der Woche zu informieren. |
| introductory offer | Einführungsangebot |
| offer subject to availability | Angebot gilt solange der Vorrat reicht |
| **subject to prior sale** | Zwischenverkauf vorbehalten |
| **item no longer available** | Artikel nicht mehr erhältlich |
| **order** | Auftrag, Bestellung |
| order sth | etw bestellen |
| You can order goods by e-mail 7 days a week. | Sie können Waren per E-Mail bestellen – 7 Tage die Woche. |
| take an order | Bestellung annehmen |
| We can take orders over the phone, but not from first-time customers. | Wir nehmen telefonische Bestellungen an, jedoch nicht von Neukunden. |
| place an order | einen Auftrag erteilen / eine Bestellung aufgeben (Siehe Musterbriefe & -faxe, S. 192) |
| If you wish to place an order, please dial 1. | Wenn Sie eine Bestellung aufgeben möchten, wählen Sie bitte die Taste / Ziffer 1. |
| handle (an order) | sich befassen mit, bearbeiten (Auftrag) |
| fulfil / deal with / execute an order | einen Auftrag ausführen |
| execution of an order | Auftragsausführung |

| | |
|---|---|
| cancel an order | einen Auftrag / eine Bestellung stornieren |
| If I don't get those goods by the end of next week, I'll have to cancel the order. | Wenn ich diese Waren bis Ende nächster Woche nicht erhalten habe, muss ich den Auftrag stornieren. |
| process an order | einen Auftrag bearbeiten |
| lose an order | einen Auftrag verlieren |
| initial order / first-time order | Erstauftrag |
| order number | Auftragsnummer |
| order book | Auftragsbuch |
| We have a full order book right up to the end of the year. | Wir haben bis zum Ende des Jahres ein volles Auftragsbuch. |
| on order | bestellt |
| receipt of order | Auftragserhalt |
| mail order | Postversand |
| mail-order company / mail-order catalogue | Versandhaus / Versandhauskatalog |
| advance order | Vorausbestellung |
| rush order | Eilbestellung |
| credit card order | Bestellung per Kreditkarte / Kredit-kartenbestellung |
| You should allow 14 days for delivery for credit card orders. | Für die Lieferung von Kreditkarten-bestellungen sollten Sie 14 Tage gewähren. |
| bulk order | Groß- / Mengenbestellung |
| We'd like to place a bulk order rightaway. | Wir würden gerne sofort eine Groß-bestellung aufgeben. |
| firm order | Festauftrag |
| follow-up order / repeat order | Nachbestellung / Wiederholungs-auftrag |
| trial order | Probebestellung |
| Would you like to place a trial order? | Möchten Sie eine Probebestellung aufgeben? |
| If you ordered today, we could deliver tomorrow. | Würden Sie heute bestellen, könnten wir morgen liefern. |
| fax an order | eine Bestellung faxen |
| I'll fax you the order right now. | Ich faxe Ihnen die Bestellung sofort (zu). |
| confirm an order | einen Auftrag / eine Bestellung bestätigen |
| I'll call you in a few minutes to confirm that order. | Ich rufe Sie in ein paar Minuten an, um die Bestellung zu bestätigen. |
| confirmation / acknowledgement | Bestätigung |
| I look forward to your confirmation. | Ich erwarte Ihre Bestätigung. |

**consignment / shipment**
send a consignment
Could you send a consignment by air /
   by sea right away?

Warensendung, Lieferung
eine Lieferung schicken
Könnten Sie sofort eine Lieferung per
   Luftfracht / per Schiff schicken?

**require**
requirements / needs
With the right arrangements, we could
   possibly supply up to 50 % of your
   needs.

erfordern, verlangen
Bedarf
Bei entsprechender Vorbereitung
   könnten wir möglicherweise bis zu
   50 % Ihres Bedarfs decken.

**obtain**
**quantity**

bekommen, erhalten
Menge

**in accordance with** your
instructions
**on approval** (= on appro)
You may keep the goods up to
   14 days on approval.

gemäß Ihren Anweisungen

zur Ansicht / auf Probe
Sie können die Waren bis zu
   14 Tage zur Ansicht behalten.

## FAQs

**What important details should appear in a written order?**
• type and quantity of goods ordered,
• unit price (= *Stückpreis*) and total price,
• terms of delivery (= *Lieferbedingungen*),
• special requirements (= *spezielle Voraussetzungen*), eg packing,
• action taken (or to be taken) to pay for the goods.

# 7

**4**

# Contracts & Conditions
## Verträge & Bedingungen

→ 7.3 Offers & Orders / Angebote & Aufträge / Bestellungen

A verbal contract isn't worth the paper it's written on. (Samuel Goldwyn, 1882–1974, US film producer)

| | |
|---|---|
| **contract** | Vertrag |
| draw up / enter into a contract | einen Vertrag aufsetzen / abschließen |
| be under contract | vertraglich verpflichtet sein |
| break a contract | einen Vertrag brechen |
| pull out of a contract | aus einem Vertrag aussteigen |
| The terms of the contract allow either side to pull out at a month's notice. | Die Vertragsbedingungen erlauben es beiden Seiten, nach einmonatiger Kündigungsfrist auszusteigen. |
| have a contract ready | einen Vertrag fertig haben |
| I'm sure we'll have the contracts ready in two weeks. | Ich bin sicher, wir haben die Verträge in zwei Wochen fertig. |
| cancel a contract | einen Vertrag aufheben |
| sign a contract | einen Vertrag unterzeichnen |
| Before I sign (the contract), I've got a couple of questions. | Bevor ich (den Vertrag) unterschreibe, habe ich noch ein paar Fragen. |
| signing of / award of a contract | Unterzeichnung / Vergabe eines Vertrags |
| breach of contract | Vertragsbruch |
| period of contract | Vertragsdauer |
| fulfilment of contract | Vertragserfüllung |
| completion of a contract | Vertragsabschluss |
| as per contract | laut Vertrag |
| We'll deliver on the 15th, as per contract. | Wir liefern laut Vertrag am 15. |
| sales contract / contract of sale / sales agreement | Kaufvertrag |
| contractual obligation | vertragliche Verpflichtung |
| **clause** (in a contract) | Klausel (in einem Vertrag) |
| cancellation clause / escape clause | Rücktrittsklausel |
| **contracting parties** | vertragsschließende Parteien |
| **draft** | Entwurf |
| draft contract | Vertragsentwurf |
| **small print** / **fine print** | das Kleingedruckte |
| **proviso** | Vorbehalt |
| He delivers only with the proviso that we pay in advance. | Er liefert nur unter dem Vorbehalt, dass wir im Voraus bezahlen. |

**point out**
We should like to point out that the
deadline must be kept.

hinweisen auf
Wir möchten darauf hinweisen, dass
der Termin eingehalten werden
muss.

**terms / conditions**
define the conditions
terms of contract

The terms of the contract are quite
clear.
our usual terms
agreed terms
under the terms of / according to
the contract
According to the contract, they should
have arrived by the 15th.
alter the terms of a contract

on easy / favourable / soft terms
terms of sale
cash terms
trading terms
with effect from (= wef)
take effect / come into effect / come
into force
These terms will take effect / come
into effect on 1st July.
be in force
effective date

Bedingungen
die Bedingungen festlegen
Vertragsbedingungen / -bestim-
mungen
Die Vertragsbedingungen sind
völlig klar.
unsere üblichen Bedingungen
vereinbarte Bedingungen
vertragsgemäß / gemäß den
Vertragsbestimmungen
Vertragsgemäß hätten sie bis zum
15. eintreffen müssen.
die Bedingungen / Bestimmungen
eines Vertrages ändern
zu günstigen Bedingungen
Verkaufsbedingungen
Barzahlungsbedingungen
Handelsbedingungen
mit Wirkung vom
in Kraft treten

Diese Bedingungen werden am
1. Juli in Kraft treten.
in Kraft sein
Tag des Inkrafttretens / Stichtag

**expire**
The contract expires on 31 December
unless it is renewed.
expiry / expiration
expiry date
The expiry date is 31 December.
**deadlines**

aus- /ablaufen
Der Vertrag läuft am 31. Dezember
aus, es sei denn, er wird erneuert.
Ablauf
Ablauftermin
Ablauftermin ist der 31. Dezember.
Vertragsfristen für Leistungen

## FAQs

### What is "force majeure"?

It means external influences such as war (= *Krieg*), gales (= *Orkane*),
earthquakes (= *Erdbeben*) and the like. Such events may make it impossible
to meet the terms of a contract.

# Complaints & Compensation
## Beschwerden & Vergütungen

# Making & Handling Complaints
## Beschwerden vorbringen und bearbeiten

→ 8.2 Compensation / Vergütung

When people cease to complain, they cease to think. (Napoleon Bonaparte, Emperor of France, 1769–1821)

| | |
|---|---|
| **delay** | Verzögerung, Verspätung |
| hold up / delay | verzögern |
| overlook a delay | über eine Verspätung hinwegsehen |
| I'm prepared to overlook this delay. | Ich bin bereit, über diese Verspätung hinwegzusehen. |
| delay in delivery | Lieferverzögerung |
| **delayed** | verspätet, aufgehalten |
| If the goods are delayed, storage costs will arise. | Falls die Waren aufgehalten werden, entstehen Lagerungskosten. |
| **not yet arrived** | noch nicht eingetroffen |
| **still waiting for sth** | immer noch auf etw warten |
| **complain** | sich beklagen / beschweren |
| have reason / cause to complain | Anlass zu einer Beschwerde haben |
| Should you have any cause to complain about our service, please see the head of department. | Wenn Sie Anlass zu einer Beschwerde über den Service in unserem Hause haben, wenden Sie sich bitte an den Abteilungsleiter. |
| complain by phone | sich telefonisch beschweren |
| complain in writing | sich schriftlich beschweren |
| call to complain about sth | anrufen, um sich über etw zu beschweren |
| **complaint** | Reklamation, Beschwerde |
| letter of complaint | Beschwerdebrief (Siehe Musterbriefe & -faxe, S. 193) |
| express / register a complaint | Beschwerde vorbringen |
| deal with / handle a complaint | Beschwerde bearbeiten |
| complaints procedure | Reklamationsvorgang |
| **discover** | entdecken |
| I've only just discovered this. | Ich habe dies gerade erst entdeckt. |
| **damage** | Schaden, Schäden, Beschädigung / schaden, beschädigen |
| **damaged** | beschädigt |

| | |
|---|---|
| seriously damaged | schwer beschädigt |
| The goods arrived in a seriously damaged condition. | Die Waren kamen schwer beschädigt an. |
| **harm** | schaden |
| **harmful** | schädlich |
| **crushed** | zerquetscht / zerdrückt |
| **destroyed** | vernichtet |
| **defective** | defekt, fehlerhaft |
| **goods in bad order** (= gbo) | Ware in schlechtem Zustand |
| | |
| **not up to standard** | nicht der Norm entsprechend |
| below standard / sub-standard | minderwertig |
| The execution of this order was way below your usual standard. | Bei der Durchführung dieses Auftrags sind Sie weit unterhalb Ihres gewohnten Standards geblieben. |
| | |
| **missing** | fehlend |
| **disappeared** | verschwunden |
| **undelivered** | nicht geliefert |
| **unusable** | unbrauchbar |
| **unsaleable** | unverkäuflich |
| **imperfect** | fehlerhaft, mangelhaft |
| | |
| **dispute** | Disput / Streitfall |
| settle a dispute | einen Disput / Streit beilegen |
| **criticism** | Kritik |
| **lose customers** | Kunden verlieren |
| With mistakes like that, you're in danger of losing customers. | Mit solchen Fehlern laufen Sie Gefahr, Kunden zu verlieren. |
| | |
| **perishable goods** | verderbliche Waren |
| **unreliable** | unzuverlässig |
| **careless** | fahrlässig |
| It seems to me you've been pretty careless. | Mir scheint, Sie waren ziemlich fahrlässig. |
| **fault** | Schuld |
| Obviously, it's your fault. | Es ist offensichtlich Ihre Schuld. |
| at fault | schuld(ig) |
| faulty | fehlerhaft |
| | |
| **unexpected** | unerwartet |
| **disappointed** | enttäuscht |
| I must say – I'm very disappointed. | Ich muss sagen, ich bin sehr enttäuscht. |
| | |
| **extremely concerned** | äußerst besorgt |
| | |
| **dissatisfied** | unzufrieden |
| **angry** | ärgerlich |

| | |
|---|---|
| **annoyed** | verärgert, ärgerlich |
| annoyance | Verärgerung |
| **be irritating** | ärgern, ärgerlich sein |
| **trouble** | Ärger, Schwierigkeiten |
| **inconvenience** | Umstände machen, Umstände |
| | |
| **responsible** | verantwortlich |
| hold sb responsible for sth | jdn für etw verantwortlich machen |
| I am holding you responsible. | Ich mache Sie verantwortlich. |
| **responsibility** | Verantwortung |
| | |
| **quite frankly** | ehrlich gesagt |
| **just not good enough** | einfach nicht akzeptabel |
| | |
| **irregularity** | Störung |
| **set a deadline** | eine Frist setzen |
| meet a deadline | eine Frist einhalten |
| | |
| **warning** | Warnung |
| express a warning | eine Warnung aussprechen |
| **threaten** | drohen |
| threat of court action | Androhung eines Gerichtsverfahrens |
| | |
| **take legal action** | gerichtlich vorgehen, gerichtliche Schritte unternehmen |
| take legal steps | rechtliche Schritte einleiten |
| I shall have no alternative but to take legal steps. | Ich werde keine andere Wahl haben, als rechtliche Schritte einzuleiten. |
| **sue** | gegen jdn gerichtlich vorgehen, (ver)klagen |
| | |
| **press for payment** | auf Zahlung drängen |
| **refuse to pay** | sich weigern zu zahlen |
| | |
| **count on sb** | sich auf jdn verlassen |
| | |
| **error / mistake** | Irrtum, Fehler |
| This was clearly the result of your error. | Das ergab sich eindeutig aus einem Fehler / Irrtum Ihrerseits. |
| in error / by mistake | versehentlich / irrtümlich |
| mistakenly | irrtümlicherweise |
| packing error | Packfehler |
| | |
| **in any event** | auf jeden Fall |
| | |
| **proof / evidence** | Nachweis, Beweis(e) |
| documentary proof / documentary evidence | Urkundenbeweis |

| | |
|---|---|
| **insist on** | bestehen auf |
| **request action** | verlangen, dass etw getan wird |
| take action | vorgehen |
| What action should be taken now? | Wie sollten wir jetzt vorgehen? |
| | |
| **look into sth for sb** | etw für jdn untersuchen |
| Could you look into that for me, please? | Könnten Sie das für mich untersuchen? |
| look for another supplier | sich nach einem neuen Zulieferer umsehen |
| | |
| **know what happened** | wissen, was passiert ist |
| | |
| Let me know what's happened. | Teilen Sie mir mit, was passiert ist. |
| | |
| **handle a matter** | eine Aufgabe erledigen |
| I think you've handled this matter badly. | Ich glaube, Sie haben diese Aufgabe schlecht erledigt. |
| | |
| **comment** | Stellung nehmen |
| **admit** | zugeben |
| **return** | zurückbringen, zurückschicken |
| **prevent** | vorbeugen, verhindern |
| | |
| **give an assurance** | versichern |
| **response** | Antwort |
| **embarrassed** | beschämt |
| I'm most embarrassed to say that there was a mistake in our office. | Es ist mir äußerst peinlich, Ihnen sagen zu müssen, dass in unserem Büro ein Fehler aufgetreten ist. |
| embarrassment | Verlegenheit |
| **unfortunate** | bedauerlich |
| | |
| **leave it at that** | die Sache auf sich beruhen lassen |
| I'll be happy to leave it at that. | Ich lasse die Sache gerne auf sich beruhen. |
| | |
| **expect an explanation** | eine Erklärung erwarten |
| offer an explanation | eine Erklärung anbieten |
| | |
| **cool / calm sb down** | jdn beruhigen |
| **blame sb else** | jd anderem die Schuld geben |
| **predicament** | schwierige Lage / Dilemma |
| | |
| **circumstances beyond our control** | von uns nicht zu vertretende Umstände |
| **due to** | wegen, infolge |

**cause**
cause difficulty
The strike has really caused a lot of difficulty.
**backlog**
backlog of work
**industrial action**

**apology / apologies**

write a letter of apology
Please accept our apologies.

apologize for

verursachen
Schwierigkeiten verursachen
Der Streik hat wirklich große Schwierigkeiten verursacht.
Rückstand
Arbeitsrückstand
Protestaktionen

Entschuldigung

einen Entschuldigungsbrief schreiben
Bitte nehmen Sie unsere Entschuldigung an.

sich entschuldigen für

---

 apologize (to sb for sth)

excuse sb / sth

I really have to apologise for a very unfortunate mistake.
We do apologise.
Excuse me for interrupting, but we don't have a quorum yet.

*sich entschuldigen; (jdn) um Verzeihung bitten (wegen)*
*jdn / etw entschuldigen*

*Ich muss mich für einen sehr bedauerlichen Fehler entschuldigen.*
*Wir entschuldigen uns vielmals.*
*Entschuldigen Sie, dass ich unterbreche, aber wir sind noch nicht beschlussfähig.*

---

**be sorry**
We're really very sorry about this.
I'm sorry if there has been an error.

**regret sth**
We do regret this very much.
**I'm afraid ...**

Leid tun
Das tut uns wirklich sehr Leid.
Es tut mir Leid, wenn da ein Fehler aufgetreten ist.
etwas bedauern
Wir bedauern dies sehr.
leider

## FAQs

### What points should be considered when handling a complaint?

- If the complaint is justified, all these points should be considered:
- explanation
- apology
- replacement(s) (= *Ersatz*)
- compensation (= *Entschädigung*)

# Compensation
## Vergütung

→ 8.1 Making & Handling Complaints / Beschwerden vorbringen & bearbeiten

Recompense injury with justice, and recompense kindness with kindness.
(Confucius, Chinese philosopher, circa 551– circa 479 BC)

| | |
|---|---|
| **compensate** | entschädigen |
| compensate sb for sth | jdn für etw entschädigen |
| We shall, of course, compensate you for the damage. | Wir werden Sie natürlich für den Schaden entschädigen. |
| **compensation / remuneration** | Vergütung, Entschädigung |
| claim compensation | Entschädigung fordern |
| claim | Forderung, Reklamation |
| claimant | Antragsteller(-in), Forderungs-berechtigte(r) |

possible (adj) / possibly / probably (adv) — *eventuell*

Any possible claims will be dealt with at once. — *Eventuelle Reklamationen werden sofort bearbeitet.*

Could you possibly lend me 200 pounds? — *Könnten Sie mir eventuell 200 Pfund leihen?*

eventual (adj) / eventually (adv) — *schließlich / am Ende*

After several hours delay, the plane eventually took off at 2p.m. — *Mit mehreren Stunden Verspätung startete das Flugzeug schließlich um 2.00 Uhr nachmittags.*

| | |
|---|---|
| **reimburse** | erstatten |
| We'll certainly reimburse you for the loss. | Wir werden Ihnen bestimmt den Verlust erstatten. |
| **repair (of goods)** | Aus- / Nachbesserung |
| **compromise** | Kompromiss |
| **solution** | Lösung |
| **concession** | Zugeständnis |
| **share** | teilen |
| **discount** | Ermäßigung, Rabatt |

**2**

| | |
|---|---|
| **amicable** / **amicably** | einvernehmlich, gütlich |
| **satisfied** | zufrieden |
| **settle** | regeln |
| **sort out** | in Ordnung bringen |
| **put the matter right** | die Sache in Ordnung bringen |
| **come to an arrangement** | Vereinbarung(en) treffen |
| Perhaps we could come to some arrangement. | Vielleicht könnten wir eine Vereinbarung treffen. |
| **come to an understanding about sth** | zu einer Übereinkunft über etw kommen |
| **undertake to** | versprechen, sich verpflichten |
| **waive** | verzichten auf |
| **You can rest assured …** | Sie können sicher sein … |
| **at your / our expense** | auf Ihre / unsere Kosten |
| **exchange** | austauschen |
| **replace** | ersetzen |
| replacement / substitute | Ersatz |
| replacement consignment | Ersatzlieferung |
| **carriage forward** | unfrei, Kosten zu Lasten des Empfängers |

## FAQs

### What is the procedure for claiming compensation?

Contact the Claims Department (= *Schadensabteilung* / *-büro*) and ask for a claim form. If no form is available, make your claim in the form of a letter or fax, together with documentary evidence (= *Urkundenbeweis*).

# Trends & Prospects
## Trends & Aussichten

9

# Describing Developments & Possibilities

## Entwicklungen & Chancen beschreiben

→ 5.1 Planning / Planung
→ 5.2 Proposals / Vorschläge

We live in a moment of history where change is so speeded up that we begin to see the present only when it is already disappearing. (R.D. Laing, British psychologist, 1927–89)

**trend**                                Trend
We can expect this trend to continue.    Es ist zu erwarten, dass sich dieser
                                         Trend fortsetzen wird.

latest / main / general trend, the       der neueste / Haupt- / allgemeine
                                         Trend

Capital Funds are the latest trend in    „Capital Funds" sind der neuste
financing new businesses.                Trend in Sachen Gründungsfinan-
                                         zierung.

trend analyst                            Trendforscher(-in)

**prospects**                            Aussichten
The prospects for next year are pretty   Die Aussichten für das nächste Jahr
good / poor.                             sind recht gut / dürftig.

**outlook**                              Ausblick
The outlook is more / less encouraging.  Der Ausblick ist ermutigender /
                                         weniger ermutigend.

short- / long-term outlook               kurz- / langfristiger Ausblick
How do things look right now?            Wie sehen die Dinge jetzt aus?

**forecast**                             Voraussage, Prognose / schätzen,
                                         vorhersagen
sales forecast                           Absatzprognose
market forecast                          Marktprognose
short-term / long-term forecast          kurz- / langfristige Prognose
What's the forecast for next year?       Wie ist die Prognose für das nächste
                                         Jahr?

**pretty certain**                       ziemlich sicher
**cautiously optimistic**                vorsichtig optimistisch

**expect sth**                           etw erwarten
Sales are expected to rise.              Man erwartet eine Umsatzsteigerung.

**see signs of sth**
We see signs of continuing strong / weak demand.

Anzeichen für etw sehen
Wir sehen Anzeichen für eine fortwährend starke / schwache Nachfrage.

**recover / stage a recovery / pick up**
We don't expect the market to pick up again until June.

sich erholen

Wir erwarten nicht, dass sich der Markt vor Juni wieder erholt.

**revise upward / downward**

revised figures

nach oben / unten revidieren / anpassen
angepasste / berichtigte Zahlen

**increase / rise**

There's been a 15% rise over the last 5 years.
Orders are on the increase / decrease.
Sales have jumped.

Zunahme, Anstieg, Wachstum / zunehmen, ansteigen, anwachsen
In den letzten 5 Jahren gab es ein 15%-iges Wachstum.
Die Bestellungen nehmen zu / ab.
Die Umsätze sind sprunghaft angestiegen.

**decrease / fall / decline / drop**

Sales have fallen.
25 per cent decline in sales
The decline has been sharper / more gradual this year.
drop in prices

Abnahme, Rückgang / zurückgehen, fallen
Die Umsätze sind zurückgegangen.
Verkaufsrückgang von 25 Prozent
Der Rückgang fiel in diesem Jahr stärker / schwächer aus.
Preisverfall

**slump**
Sales have really slumped.

Einbruch / drastisch zurückgehen
Die Umsätze sind drastisch zurückgegangen.

**bottom out**
**fluctuate**

den tiefsten Stand erreichen
schwanken

**strengthen / weaken**
Right now, the market is weakening.

stärker / schwächer werden
Jetzt wird der Markt gerade schwächer.

**contract / expand**
The market has been contracting / expanding.

schrumpfen / expandieren
Der Markt ist geschrumpft / expandiert.

**level off**
Sales have levelled off.
**remain**
The market has remained flat / steady.
**accurate/ly**

sich einpendeln
Die Umsätze haben sich eingependelt.
bleiben
Der Markt ist flau / stabil geblieben.
genau, exakt

**1**

| | |
|---|---|
| **approximate/ly / about / rough/ly** | ungefähr |
| **nearly / approaching** | annähernd |
| **almost** | fast |
| **just under / just over** | gerade unter / gerade über |
| | |
| **over** | mehr als, über |
| **by** | um |
| Exports fell by $3000 to $12000. | Die Exporte fielen um $3000 auf $12000. |
| | |
| **vice versa** | umgekehrt |
| | |
| **recession** | Rezession |
| **boom** | Aufschwung |
| **Christmas boom** | Weihnachtsboom |
| | |
| **upturn / downturn** | Aufschwung / Rückgang |
| | |
| **all-time high / low** | absoluter / historischer Höchststand / Tiefststand |
| **area of economic activity** | Wirtschaftszweig |
| | |
| **growth** | Wachstum |
| profitable / strong growth | profitables / starkes Wachstum |
| economic growth | Wirtschaftswachstum |
| real growth | Realwachstum / reales Wachstum |
| annual growth | jährliches Wachstum |
| Since 1998, the company has enjoyed an annual growth of 8 %. | Seit 1998 hat sich die Firma eines jährlichen Wachstums von 8 % erfreut. |
| | |
| **make predictions** | Vorhersagen machen |
| possible / possibility | möglich / Möglichkeit |
| Sales may / might rise. | Die Umsätze werden möglicherweise steigen. |
| | |
| probable / probability | wahrscheinlich / Wahrscheinlichkeit |
| Sales will probably rise. | Die Umsätze werden wahrscheinlich steigen. |
| | |
| improbable / improbability | unwahrscheinlich / Unwahrscheinlichkeit |
| | |
| There's (very) little chance that sales will rise. | Es ist unwahrscheinlich, dass die Umsätze steigen werden. |
| certain / certainty | bestimmt / Gewissheit |
| Sales will certainly rise. | Die Umsätze werden bestimmt steigen. |

## A Sales Graph

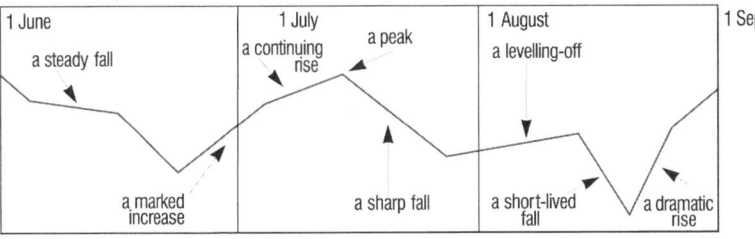

| Vocabulary for describing changes | |
|---|---|
| | |
| **Adjectives & adverbs**<br>Adjektive & Adverbien | |
| to show short, quick or unexpected changes | sudden/ly, sharp/ly, abrupt/ly, dramatic/ally |
| to show small but important changes | significant/ly, marked/ly |
| to show large, important changes | substantial/ly, steep/ly |
| to show small changes | noticeable / noticeably, bare/ly, slow/ly, slight/ly |
| to show slow, long changes | gradual/ly, general/ly, steady / steadily |
| to show short-lasting changes | short-lived, brief/ly |
| | |
| **Nouns & verbs**<br>Nomen & Verben | |
| to describe | an increase / to increase |
| increase | an expansion / to expand |
| | a rise / to rise |
| | growth / to grow |
| | growth / to grow |

| to describe decrease | a decrease, to decrease |
| --- | --- |
| | a drop, to drop |
| | a fall, to fall |
| | a decline, to decline |
| to describe a strong, unexpected increase | a leap, to leap |
| | a surge, to sugre |
| to describe a strong, unexpected decrease | a collapse, to collapse |
| | a plunge, to (take a) plunge |
| to indicate "no change" | to remain constant, stable, steady |
| | no change, not to change |

## FAQs

### What does it mean if someone says "We'll throw it against the wall and see if it sticks"?

It means the company are trying out (= *ausprobieren*) something new by just doing it. Then they wait and see if it is successful (= *erfolgreich sein wird*).

# Visual Information
## Visuelle Informationen

→ 9.1 Describing Developments & Possibilities / Entwicklungen & Chancen beschreiben

When producers want to know what the public wants, they graph it as curves. When they want to tell the public what to get, they say it in curves. (Marshall McLuhan, Canadian educator & author, 1911–80)

| | |
|---|---|
| **visual** | visuell / grafischer Entwurf |
| **graphics** | Grafik |
| | |
| **table** | Tabelle |
| statistics | Statistik, Statistiken |
| key statistics | wichtigste Statistiken |
| latest sales figures, the | die neuesten Verkaufs- / Absatz-zahlen |
| official figures | amtliche Zahlen |
| | |
| **sales graph** | Absatzdiagramm (Siehe Beispiel, S. 115) |
| line graph | Grafik in linearer Form |
| | |
| **series of data** | Datenreihe |
| | |
| **pictograms** | Piktogramme |

| | |
|---|---|
| **flowchart** | Flussdiagramm |

| | |
|---|---|
| system flowchart | Datenflussdiagramm |
| | |
| **pie chart** | Kreisdiagramm |

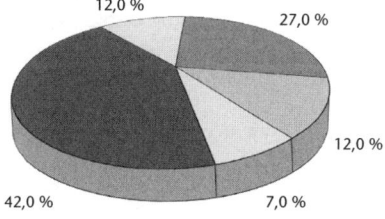

**2**

**organisation chart**   Organigramm

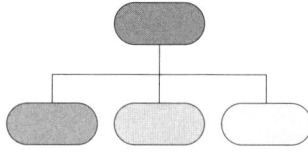

**bar chart**   Balkendiagramm

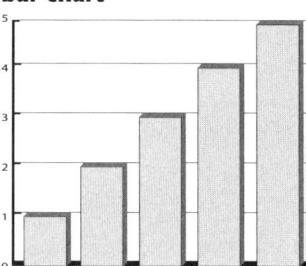

**figure** (= fig)   Abbildung
**outline**   Entwurf
**diagrammatic**   grafisch dargestellt
**curve**   Kurve
**horizontal**   waagerecht
**vertical**   senkrecht
**peak**   Spitze, Gipfel, Höhepunkt / einen
  Höhepunkt erreichen

**presentation**   Präsentation
**highlight**   hervorheben, markieren
**meaningful comparison**   sinnvoller Vergleich

**convey an idea**   ein Idee vermitteln

## FAQs

### What points should I consider when preparing visuals for a presentation?

1. Decide exactly what points you want to highlight, what information and ideas you want to convey, or what meaningful comparisons you wish to make.
2. Think about which graphics are suitable (= *geeignet*) – bar chart, pie chart, table, diagram, or whatever.
3. Don't try to impress (= *beeindrucken*) your audience with colourful quality graphics produced with glamorous (= *glamourös*) software. Instead, aim for quality data (= *Daten*), in a clear format.

# Phone, Post, E-mail, Fax
## Telefon, Post, E-Mail, Fax

# Phone
## Telefon

→ 10.3 E-mail / E-Mail
→ 10.4 Fax / Fax

To listen closely and reply well is the highest perfection we are able to attain in the art of conversation. (Francois, Duc de La Rochefoucauld, 1613–80)

**telephone / phone**                    Telefon(apparat)

---

*Die Nomen* telephone *und* phone *sind austauschbar.*

The telephone / phone is out of order.    *Das Telefon funktioniert nicht / ist außer Betrieb.*

*Die Verben* telephone, phone, call *und* ring *sind ebenfalls austauschbar.*

I'm phoning / calling from Germany.    *Ich rufe aus Deutschland an.*

---

| | |
|---|---|
| telephone charges | Telefongebühren |
| telephone network | Telefonnetz |
| telephone manner | Art zu telefonieren |
| telephone orders | telefonische Aufträge / Bestellungen |
| A number of orders have come in by phone. | Es sind eine Menge telefonischer Bestellungen eingegangen. |
| telephone line, telephone cable | Telefonverbindung, Telefonleitung |
| International Telephone Alphabet, the | das internationale Telefonalphabet |
| phone bill | Telefonrechnung |
| be on the phone | telefonisch erreichbar sein / am Telefon sein, telefonieren |
| Are you on the phone? | Telefonieren Sie gerade? |
| He was on the phone for hours. | Er hat stundenlang telefoniert. |
| by phone | telefonisch |
| Can I contact you by phone? | Sind Sie telefonisch erreichbar? |
| wanted on the phone | am Telefon verlangt werden |
| You're wanted on the phone. | Sie werden am Telefon verlangt. |
| get sb to come to the phone | jdn ans Telefon rufen / holen |
| Could you get Frau Müller to the phone, please? | Könnten Sie bitte Frau Müller ans Telefon holen? |
| cordless phone | schnurloses / tragbares Telefon |
| mobile phone / cell phone / cellular phone | Funk- / Mobiltelefon (Handy) |
| pay phone (AE: pay station) | Münztelefon |

| | |
|---|---|
| speak to sb on the phone | mit jdm am Telefon sprechen |
| Can I speak to Rob Parfitt, please? | Kann ich bitte mit Rob Parfitt sprechen? |
| have a phone conversation | ein Telefongespräch führen |
| answer the phone | ans Telefon gehen |
| **telephone** / **phone** / **ring** / **call sb** | telefonieren, jdn anrufen |
| They phoned to enquire about the delivery. | Sie riefen an, um sich nach der Lieferung zu erkundigen. |
| give sb a call / a ring | jdn anrufen |
| Give me a ring sometime. | Ruf mich doch mal an. |
| phone call | Anruf, Gespräch, Telefonat |
| make a phone call | ein Telefongespräch führen |
| international call / overseas call | Auslandsgespräch |
| call abroad | ins Ausland telefonieren |
| trunk call / long distance call (AE: long distance call / toll call) | Ferngespräch |
| local call | Ortsgespräch |
| person-to-person call | Gespräch mit namentlicher Voranmeldung |
| call box / phone box (AE: phone booth) | Telefonzelle |
| call charge | Telefongebühr |
| call confidentiality | Einrichtung zur Vermeidung des Abhörens des Telefonats durch Dritte |
| credit card call | Telefonanruf mit Kreditkarte |
| Just give us your credit card number and your order. | Geben Sie uns nur Ihre Kreditkartennummer und Ihre Bestellung. |
| incoming / outgoing call | eingehender / ausgehender Anruf |
| call sb up | jdn anrufen |
| Just call us up. | Rufen Sie uns einfach an. |
| call about sth | wegen etw anrufen |
| I'm calling about the order you faxed this morning. | Ich rufe wegen der Bestellung an, die Sie heute morgen gefaxt haben. |
| call back / ring back | zurückrufen |
| Can I call you back? | Kann ich Sie zurückrufen? |
| Could he ring me back? | Könnte er mich zurückrufen? |
| ring off (AE: hang up) | auflegen |
| call / try again later | später noch mal anrufen / es später noch mal versuchen |
| I'll come back to you directly. | Ich bin gleich wieder für Sie da. |
| We'll get back to you as soon as we can. | Wir rufen Sie so bald wie möglich zurück. |

### Info-Box

| | |
|---|---|
| *Das internationale Telefonalphabet* | *(The International Telephone Alphabet)* |

| | |
|---|---|
| A for Andrew | N for Nellie |
| B for Benjamin | O for Oliver |
| Cfor Charlie | P for Peter |
| Dfor David | Q for Queenie |
| Efor Edward | R for Robert |
| Ffor Frederick | S for Sugar |
| Gfor George | T or Tommy |
| Hfor Harry | U for Uncle |
| I for Isaac | V for Victory |
| J for Jack | W for William |
| K for King | X for X-Ray |
| L for Lucy | Y for Yellow |
| M for Mary | Z for Zebra |

| | |
|---|---|
| **caller** | Anrufer(-in) |
| telephonist (AE: switchboard operator) | Telefonist(-in) |
| subscriber | Telefonkunde(-in) |
| operator | Telefonist(-in), Vermittlung |

| | |
|---|---|
| **reverse charge call** (AE: collect call) | R-Gespräch (= der Angerufene zahlt) |
| make a reverse charge call / reverse the charges (AE: call collect) | ein R-Gespräch führen |
| accept a reverse charge call | ein R-Gespräch annehmen |

| | |
|---|---|
| **bleeper** | Piepser |
| **pager** | Pager |
| **receiver** | Hörer |
| pick up the receiver / phone | den Hörer abnehmen |

| | |
|---|---|
| **voice** | Stimme |
| **lead / cord** | Kabel |
| **dial** | Wählscheibe |
| **off the hook** | nicht aufgelegt |
| **switchboard** | (Telefon-)Zentrale, Vermittlung |

| | |
|---|---|
| **Yellow Pages** | Gelbe Seiten |
| **classified directory / trade directory** | Branchenverzeichnis |
| telephone directory / phone book | Telefonverzeichnis / -buch |
| It's not in the book. | Ich kann die Nummer nicht finden. |

directory enquiries (AE: directory assistance)
Why don't you call directory enquiries?

Telefonauskunft
Rufen Sie doch (mal) die Auskunft an! (Siehe S. 124)

**contact sb**
I'll contact Mr Cull to find out what's gone wrong.

Don't hesitate to contact us.

sich mit jdm in Verbindung setzen
Ich werde mich mit Mr Cull in Verbindung setzen, um herauszufinden, was schief gelaufen ist.
Zögern Sie nicht, sich mit uns in Verbindung zu setzen.

**be transferred**
**roam**

weiterverbunden werden
das Mobiltelefon bei Auslandsreisen in ausländischen Netzen benutzen

**engaged / busy**
The lines have been busy all morning – why not email them instead?

besetzt
Die Telefone waren den ganzen Morgen lang besetzt. Warum schicken wir Ihnen stattdessen nicht eine E-Mail?

**get hold of sb**
We tried to get hold of you but you were already on your way.

jdn erreichen
Wir haben versucht, Sie zu erreichen, aber Sie waren bereits unterwegs.

**be on the line**
Mr Law is on the line to Chicago at the moment.
Mrs Harris is on the other line – will you hold?
**get on the line to sb**
a bad line / connection
We've got a crossed line.
**hold the line /**
  **hang on**
Will you please hold the line?
Hang on a moment / One moment, please.

mit jdm (am Telefon) sprechen
Mr Law spricht im Moment mit Chicago.
Mrs Harris spricht auf der anderen Leitung – wollen Sie warten?
jdn anrufen
eine schlechte Leitung / Verbindung
Da ist noch jemand in der Leitung.
am Apparat bleiben

Bleiben Sie bitte am Apparat.
Einen Moment bitte.

**country code**
The country code (for ... ) is ...
oh-one
double-oh-one
double-three double-six seven
dialling code / area code
What's the code for Frankfurt?

Landesvorwahl
Die Landesvorwahl (für ... ) lautet ..
01
001
33667
Ortsnetzkennzahl
Wie lautet die Vorwahl für Frankfurt?

**Info-Box**

*Zusammensetzung von Telefonnummern:*

*UK-Nummer:* 0044-1372-3067 - 22
*US-Nummer:* 001-913-831-3805 - 15

|  |  | UK | US |
|---|---|---|---|
| country code | *Landesvorwahl* | 0044 | 001 |
| *geschriebene Form:* |  | +44 | +1 |
| dialling code / area code | *Ortsnetzkennzahl* | *01372 | 913 |
| (Telephone) Number | *Rufnummer* | 3067 | 831-3805 |
| Extension (Number) | *Durchwahl* | 22 | 15 |
| *geschriebene Form:* |  | x 22 | x 15 |

* *Lassen Sie bei internationalen Gesprächen die erste 0 weg!*

<u>*Weitere UK-Nummern:*</u>

Directory enquiries
*Fernsprech- / Telefonaus-*
*kunft(sdienst):*

|  |  |
|---|---|
| *für Nummern in London* | *142* |
| *für andere Nummern in* | *192* |
| *Großbritannien* |  |

*Die Landesvorwahl für Deutschland von England aus heißt:*
*010-49+Ortsnetzkennzahl+Rufnummer*
*(Österreich 010-43 + ..., Schweiz 010-41 + ...).*

**direct line** — Durchwahl
dial direct — durchwählen
Can I call direct to Costa Rica? — Kann ich nach Costa Rica durchwählen?

**reach sb** — jdn erreichen
I'm afraid your message didn't reach — Leider hat uns Ihre Nachricht erst
us till today. — heute erreicht.

**get though** — durchkommen, erreichen
I can't get through to the sales — Ich komme nicht zur Verkaufs-
department. — abteilung durch.
put sb through / connect sb — jdn durchstellen / verbinden
Could you put me through to Mrs — Können Sie mich bitte mit Mrs Essary
Essary, please? — verbinden?
Hold on, I'll connect you. — Moment, ich verbinde Sie.
You're through to Mrs Essary. — Sie sind mit Mrs Essary verbunden.

| | |
|---|---|
| **be cut off** | unterbrochen werden |
| We were cut off. | Wir wurden unterbrochen. |
| | |
| **cheap rate** | niedriger Tarif |
| local rate | Ortstarif |
| | |
| **satellite connection** | Satellitenverbindung |
| | |
| telecommunications satellite | Telefonsatellit |
| | |
| **phonecard** | Telefonkarte |
| I desperately need an international phonecard. | Ich brauche ganz dringend eine internationale Telefonkarte. |
| | |
| **repeat sth** | etw wiederholen |
| Would you repeat that, please? | Würden Sie das bitte wiederholen? |
| **run sth through again** | etw noch mal durchlaufen lassen |
| Would you run that through again, please? | Würden Sie das bitte noch mal durchlaufen lassen? |
| **spell sth** | etw buchstabieren |
| Would you spell that word, please? | Würden Sie das Wort bitte buchstabieren? |
| **speak louder /** | etw lauter sprechen |
| **speak up** | |
| Would you speak louder / speak up, please? | Würden Sie bitte etwas lauter sprechen? |
| **speak slower / slow down** | etw langsamer sprechen |
| Would you speak slower / slow down, please? | Würden Sie bitte etwas langsamer sprechen? |
| | |
| **unavailable** | nicht erreichbar |
| The number you are calling is momentarily unavailable. | Der Teilnehmer ist im Augenblick nicht erreichbar. |
| **leave a message** | eine Nachricht hinterlassen |
| Would you like to leave a message? | Kann ich etwas für Sie ausrichten? |
| Please leave a message. | Bitte hinterlassen Sie eine Nachricht. |
| **take a message** | etw ausrichten |
| Can I take a message for her? | Kann ich ihr etwas ausrichten? |
| | |
| **answering machine / ansaphone / answerphone** | Anrufbeantworter |
| Leave a message on my answerphone. | Hinterlassen Sie eine Nachricht auf meinem Anrufbeantworter. |
| | |
| **after the signal / after the tone** | nach dem Signalton |
| Please speak after the signal / after the tone. | Bitte sprechen Sie nach dem Signalton. |

### number / phone number

| | |
|---|---|
| Can you give me the number of Qureshi International? | Ich hätte gerne die Nummer von Qureshi International. |
| look up a number in the phone book | eine Nummer im Telefonbuch nach-schlagen |
| ex-directory number (AE: unlisted number) | eine Geheimnummer (die nicht im Telefonbuch steht) |
| extension number | Durchwahl |
| dial a number | eine Nummer wählen |
| Do I have to omit the '0' when dialling Frankfurt from England? | Muss ich die ‚0' weglassen, wenn ich von England nach Frankfurt anrufe? |
| toll-free number | gebührenfreie Nummer |
| have a wrong number | falsch verbunden sein |
| I'm sorry, I've got the wrong number. | Entschuldigen Sie, ich bin falsch verbunden. |
| I'm sorry, you've got the wrong number. | Es tut mir Leid, Sie sind falsch verbunden. |

## FAQs

### What number should I call in an emergency in the UK?

For an emergency call (= Notruf), dial 999 or 112. Both numbers are toll-free (= *gebührenfrei*). Ask for Fire Brigade (= *Feuerwehr*), Police (= *Polizei*) or Ambulance (= *Krankenwagen*)!

# Post

Post

→ 10.3 E-mail / E-Mail
→ 10.4 Fax / Fax

Writing comes more easily if you have something to say. (Sholem Asch, US novelist, 1880 – 1957)

| | |
|---|---|
| **post** (AE: mail) | Post / versenden, verschicken |
| registered post (AE: registered mail) | per Einschreiben |
| postbox / letterbox (AE: mailbox) | Briefkasten |
| postpaid | Gebühr bezahlt |
| postmark / date as postmark | Datum des Poststempels |
| incoming post / mail | eingehende, eingegangene Post / Eingangspost |
| outgoing post / mail | ausgehende, ausgegangene Post / Ausgangspost |
| direct mail | Direktversand |
| junk mail / unsolicited mail | (unerwünschte) Reklamesendungen |
| snail mail | „Schneckenpost" (normaler Postdienst) |
| Shall we send the order by e-mail or snail mail? | Sollen wir die Bestellung per E-Mail oder mit der normalen Post schicken? |
| **postage** | Porto |
| What's the postage to Brazil? | Wie hoch ist das Porto nach Brasilien? |
| **postal rates / charges** | Postgebühren |
| Postal rates / charges are going up by 15 % in January. | Die Postgebühren werden im Januar um 15 % erhöht. |
| postal code / post code (AE: ZIP code) | Postleitzahl |
| postal card (AE: letter card) | Postkarte mit aufgedruckter Briefmarke |
| postcard | Postkarte, Ansichtskarte |
| **poste restante** (AE: general delivery) | postlagernd |
| **international reply coupon** | internationaler Antwortschein |
| **sender** | Absender |
| return to sender (= RTS) | an den Absender zurück |
| send off | abschicken |

| | |
|---|---|
| The invoice has just been sent off. | Die Rechnung wurde gerade abgeschickt. |
| **receiver** | Empfänger(-in) |
| received with thanks | dankend erhalten |
| **addressee** | Empfänger(-in) |
| | |
| **letter** | Brief |
| draft a letter | einen Brief entwerfen |
| standard letter | Formbrief |
| business letter | Geschäftsbrief |
| letter of acknowledgement | Empfangsbestätigung |
| your letter of the 15th | Ihr Brief vom 15. |
| **stamp** | Briefmarke |
| **envelope** | Briefumschlag |
| address an envelope | einen Umschlag adressieren |
| stamped addressed envelope (= sae) | frankierter Rückumschlag |
| **reply / response** | Antwort |
| in reply / response to | als Antwort auf |
| I am writing in reply to your letter of the 15th. | Ich beantworte Ihren Brief vom 15. |
| early reply | baldige Antwort |
| **in writing** | schriftlich |
| confirm / acknowledge sth in writing | etw schriftlich bestätigen |
| **enclosure** | Anlage |
| enclose | beilegen / beifügen |
| | |
| **photocopy** | Fotokopie |
| **correspondence** | Korrespondenz |
| business correspondence | Geschäftskorrespondenz |
| **private and confidential** | persönlich, vertraulich |
| strictly confidential | streng vertraulich |
| | |
| **parcel** | Paket |
| parcel post | Paketpost |
| parcel rates | Paketgebühren |
| **printed matter** | Drucksache |
| | |
| **sample** | Muster |
| sample of no commercial value | Muster ohne Wert |
| | |
| **please forward** | bitte nachsenden |
| forwarding address | Nachsendeanschrift |
| | |
| **by airmail** | mit Luftpost |
| by surface mail | mit normaler Post (d.h. nicht Luftpost) |
| by separate post | mit getrennter Post |

| | |
|---|---|
| by the same post | mit gleicher Post |
| by return (of post) | postwendend |
| **proof of delivery** (= PD) | Lieferbestätigung / -schein |
| recorded delivery (AE: certified mail) | per Einschreiben (= unversichert) |
| express delivery / special delivery | Eilzustellung |
| undeliverable | unzustellbar |
| **collection** | Leerung |
| **carrier** / **private carrier** | Kurierdienst |
| **spelling** | Schreibweise |
| check the spelling of a word | die Schreibweise eines Wortes über-<br>prüfen |
| **sentence** | Satz |
| **paragraph** | Absatz |
| **page** | Seite |

---

### Info-Box

| **Expressions for business correspondence** | *Ausdrücke für Handelskorrespondenz* |
|---|---|
| **reference** | Aktenzeichen / Bezug |
| Re / ref = Referring to / Reference | betreffs / bezüglich / unter Bezug-<br>nahme auf |
| Our / Your reference: | Unser / Ihr Zeichen: |
| With reference to your letter of<br>15 March | mit Bezug auf Ihren Brief vom<br>15. März |
| **refer to** | sich beziehen auf / sich wenden an |
| We must ask you to refer to our letter<br>of 10 June. | Wir müssen Sie bitten, auf unseren<br>Brief vom 10. Juni Bezug zu<br>nehmen. |
| **draw attention to sth** | Aufmerksamkeit auf etw lenken |
| I would like to draw your attention<br>to page 1. | Ich möchte Ihre Aufmerksamkeit<br>auf die Seite 1 lenken. |
| **as regards** | bezüglich, hinsichtlich |
| **as far as ... is concerned** | was ... betrifft |
| **in connection with** | im / in Zusammenhang mit |
| **according to** | gemäß, nach |
| **further to** | bezüglich |
| **for your information** | zu Ihrer Information |
| **on behalf of** | im Auftrag / Namen von |
| **RSVP** (= Repondez s'il vous plait) | um Antwort wird gebeten<br>(u.A.w.g.) |

## FAQs

### What's the difference between First Class and Second Class post?

In the UK, First Class post is delivered quicker than Second Class – and is more expensive (= *teurer*). With First Class post, next-day delivery is more likely (= *wahrscheinlicher*).

In the US, First Class mail means letters, postcards and letter cards. Second Class mail means newspapers (= *Zeitungen*) and other light printed matter (but not books, which are Third-Class mail).

### What does "snail mail" mean?

"Snail mail" delivers post and parcels to a "snail address" (= an individual's postal address). "Snail mail" is a negative term, because snail mail takes much longer than email, of course. It is a play on words (= *Wortspiel*): "US Mail" turned into (= *verwandelte sich*) "Usnail" (You snail! *Du Schnecke!*).

### How should my letter end – "Yours faithfully" or "Yours sincerely"?

Business letters usually end with "Yours sincerely" if the addressee has been named (= *namentlich genannt wurde*), eg "Dear Mr Reynolds / Dear Ms Howard".
They usually end with "Yours faithfully" if the addressee is not named, eg "Dear Sir / Madam / Head of Personnel".
Nowadays (= *heutzutage*), though, it is also acceptable to end any kind of business correspondence with "With best wishes".

# E-mail

E-Mail

**3**

→ 10.2 Post / Post
→ 10.4 Fax / Fax

Those who are absent, by its means become present; mail is the consolation of life. (Voltaire, French satirist & dramatist, 1694 – 1778)

| | |
|---|---|
| **e-mail / email** (= electronic mail) | E-Mail |
| The e-mail bounced. | Die E-Mail kam zurück. |
| e-mail address | E-Mail-Adresse |
| e-mail message, an | eine E-Mail-Nachricht |
| send an e-mail to sb / send sb an e-mail | jdm eine E-Mail schicken |
| | |
| **mailbox** | Briefkasten |
| mailbox service | Mailboxdienst |
| Various online services and search engines offer an (often free) mailbox service. | Verschiedene Online-Dienste und Suchmaschinen bieten einen (oft kostenlosen) Mailboxdienst an. |
| electronic mailbox | elektronischer Briefkasten |
| | |
| **username** | Anwendername |
| user account | Benutzeraccount |
| | |
| **password** | Kennwort |
| **receiver** | Empfänger |
| **sender** | Absender |
| **server** | Server |
| | |
| **video e-mail / v-mail** | Video-Mail |

---

### Info-Box

| email abbreviations | | E-Mail Abkürzungen |
|---|---|---|
| **afaik** | as far as I know | soweit ich weiß |
| **asap** | as soon as possible | so schnell wie möglich |
| **bbl** | be back later | bin bald wieder da |
| **btw** | by the way | übrigens |
| **cu** | see you | man sieht sich |
| **faq** | frequently asked question(s) | häufig gestellte Frage(n) |
| **ic** | I see | ach so |

**3**

| **imho** | in my humble opinion | meiner bescheidenen Meinung nach |
| **IRL** | In Real Life | im richtigen Leben |
| **lol** | laughing out loud | ich lache laut |
| **re** | returned, repeat hi | wieder da, erneut Hi |
| **rtfm** | read the fucking manual | lies gefälligst das Handbuch |

## FAQs

### What does "to bounce" mean?

It means your email comes back because it did not reach the server or was not delivered via your server – it "bounced" back like a rubber ball (= *Gummiball*). Possibly, you used the wrong address. Or maybe a network failure occured (= *eine Netzpanne trat auf*) while your mail was sent. Just like a boomerang, your mail is returned to you and declared as "message undeliverable" (= *unzustellbar*) or "undeliverable mail". The word is used mainly in the past tense (= *Vergangenheitsform*): "Looks like my message bounced. I'd better send it again."

# Fax

Fax

→ 10.2 Post / Post
→ 10.3 E-mail / E-Mail

Messages may be transmitted to points within an office, or to branch offices up to a maximum distance of approximately fifteen miles. (from a 1953 description of "a new electronic instrument" called Desk-Fax)

| | |
|---|---|
| **fax** | Fax / faxen |
| Can you fax me at the office? | Können Sie mir ein Fax ins Büro schicken? |
| We'll fax you the order form today. | Wir faxen Ihnen heute das Bestellformular. |
| We'll fax it through to you. | Wir faxen es Ihnen durch. |
| reply / answer by fax | per Fax antworten |
| fax back | zurückfaxen |
| Could you fax us back this evening? | Könnten Sie uns heute Abend zurückfaxen? |
| send by fax | per Fax schicken / senden |
| We'll send you the order form by fax. | Wir faxen Ihnen das Bestellformular. |
| We'll send you a fax of the new design. | Wir senden Ihnen den neuen Entwurf per Fax. |
| confirm by fax | per Fax bestätigen |
| They confirmed the order by fax this morning. | Sie haben die Bestellung heute morgen per Fax bestätigt. |
| get / receive a fax | ein Fax bekommen |
| Didn't you get our fax? | Haben Sie denn unser Fax nicht erhalten? |
| forward a fax | ein Fax weiterleiten |
| fax machine | Fax, Faxgerät |
| connect a fax machine | ein Faxgerät anschließen |
| fax message | Faxmitteilung |
| fax number | Faxnummer |
| Our fax and phone number are the same. | Unsere Fax- und Telefonnummer sind identisch. |
| fax shot | Direktwerbung per Fax |
| send a shot | Werbemitteilungen per Fax schicken |
| **page 1 of 3** | Seite 1 von 3 (= die erste von 3 gefaxten Seiten) |
| **sender** | Absender(-in) |
| **signature** | Unterschrift |
| **print** | drucken |
| print sth out | etw ausdrucken |

## FAQs

### Is it true that fax is not a recent invention?

The first successful fax device (= *Gerät*) was patented in 1843. The first commercial fax service was introduced (= *eingeführt*) in France in 1865. Throughout the 1930s and 1940s, fax evolved (= *entwickelte sich*) into something like the form we know today. In 1966, an agreed (= *vereinbarter*) standard made its general use more possible.

# Computers
## Computer

# Hardware
## Hardware

→ 11.2 Software / Software

Hardware: the parts of a computer that can be kicked. (Jeff Pesis, quoted in www.quoteland.com)

| | |
|---|---|
| **computer** | Computer, Rechner |
| computer technology | Computertechnik |
| personal computer (= PC) | Personal-Computer, PC |
| **boot** the computer | den Computer hochfahren |
| Advise your clients to make sure all peripherals are connected before booting the computer. | Legen Sie Ihren Kunden nahe, vor dem Hochfahren des Computers sicherzustellen, dass alle Peripherie-geräte angeschlossen sind. |
| reboot the computer | den Computer erneut starten, noch einmal hochfahren |
| connect computers to each other | Computer verkoppeln |
| **start** /start up | (den Computer) starten |
| cold start | kaltstarten, Kaltstart |
| You don't have to cold start your computer after installing the new business application. | Sie müssen Ihren Computer nicht kaltstarten, nachdem Sie die neue Business-Anwendung installiert haben. |
| warm start | warmstarten, Warmstart |
| **power up** | einschalten, starten |
| **down** (computer) | außer Betrieb |
| downtime | Ausfallzeiten |
| idle time | Leerlaufzeiten |
| **switch** | Schalter |
| switch on / switch off the computer | den Computer einschalten / aus-schalten |
| data switch | Data-Switch (zum Umschalten zwi-schen Peripheriegeräten) |
| We sell data switches for modem connections. | Wir verkaufen Data-Switches für Modemanschlüsse. |
| switch to, connect to | schalten zu |
| power switch | Stromschalter |
| **motherboard** | Hauptplatine |

**peripherals**

We offer a package deal – the computer, including peripherals, plus software.

Peripheriegeräte (z. B. Drucker, Scanner, Modem)

Wir bieten ein Pauschalangebot an: den Computer inklusive Peripheriegeräte und Software.

---

*Info-Box*

*Ein Modem (**Mo**dulator-**dem**odulator) wandelt die digitalen Signale eines Computers in analoge Signale um, wie sie von herkömmlichen Telefonanschlüssen benötigt werden. Ein Modem kann somit Ihren Computer über das Telefonnetz mit anderen Computern (aber auch mit Faxgeräten und normalen Telefonanschlüssen) verbinden.*

---

**disk / diskette**
disk drive
drive
insert a disk into the disk drive

hard disk
hard disk drive
demo disk
We'll distribute demo disks via direct-mail advertising.
ask for a demo disk
optical disk
disk capacity

Platte, Diskette
Diskettenlaufwerk
Laufwerk
eine Diskette ins Diskettenlaufwerk einlegen
Festplatte
Festplattenlaufwerk
Demo-Diskette
Wir werden Demo-Disketten über Postwurfsendungen verteilen.
um eine Demo-Diskette bitten
Bilddiskette
Speicherkapazität (der Diskette / Festplatte)

**memory**
RAM (= random access memory)

add-on memory
expanded memory
spare memory space
space on the hard disk

Speicherplatz
Arbeitsspeicher / Direktzugriffs-speicher
Zusatzspeicher
Erweiterungsspeicher
Speicherplatz
Platz auf der Festplatte

**bit**
**byte**
kilobyte
megabyte
gigabyte
10 gigabytes should suffice for our office computers.

Bit
Byte
Kilobyte
Megabyte
Gigabyte
10 Gigabyte dürften für unsere Büro-computer genügen.

**1**

CD (= compact disk)

CD burner
CD-ROM disk

We've produced a CD-ROM to
promote our company.
CD-ROM drive, the
DVD drive, the

**mouse**
move sth with the mouse
use the mouse
mouse pad
We've printed our company logo on
2,000 mouse pads for promotion
purposes.

**screen / monitor**
19" screen
high-resolution screen
flicker-free monitor
**pixel**
pixels on screen
The new spreadsheet programme
requires only a low resolution of
1024 x 768 pixels.

change the text on screen
It'll be faster if we change the
brochure text on screen.

**display**
LCD (= liquid crystal display)

**cover**
screen cover
anti-static dust cover
We've instructed our staff to use anti-
static dust covers for their screens.

**scan**

scan in

CD (= Datenträger mit hoher Kapazität)
CD-Brenner
CD-ROM (ROM steht für „read-only
memory")
Wir haben eine CD-ROM produziert,
um für unsere Firma zu werben.
das CD-ROM-Laufwerk
das DVD-Laufwerk

Maus
etw mit der Maus verschieben
die Maus betätigen
Mauspad
Wir haben unser Firmenlogo zu
Werbezwecken auf 2.000 Maus-
pads gedruckt.

Bildschirm / Monitor
19-Zoll-Bildschirm
hochauflösender Bildschirm
flimmerfreier Bildschirm
Bildpunkt, Pixel
Bildpunkte auf dem Monitor
Das neue Tabellenkalkulationspro-
gramm benötigt nur eine niedrige
Auflösung von 1024 x 768 Bild-
punkten.
den Text am Bildschirm ändern
Es geht schneller, wenn wir den Text
für die Broschüre am Bildschirm
ändern.

Anzeige (Bildschirm)
LCD (Flüssigkeits-Kristallanzeige für
Flachbildschirme)

Schutzhaube
Staubschutzhaube für den Bildschirm
antistatische Staubschutzhaube
Wir haben unsere Mitarbeiter angewiesen, antistatische Staubschutz-
hauben für ihre Monitore zu
benutzen.
scannen / überfliegen (auf der Suche
nach etw. Bestimmtem)
einscannen

Could you scan / scan in your brochure and send it to me by email?
scanner

**web cam**

We've installed webcams at all our teminals now, so we can call up a video conference at any time.

**card**
graphics card
video card
sound card

**speaker**
**microphone**
**headset**
**port**
parallel port
Connect your printer to the parallel port.
serial port
com port

Two com ports are generally enough for the average office PC.

**cable**
connect the cable
disconnect the cable
printer cable
Make sure the printer cable is disconnected before opening the device.

**plug**
be plugged in

**printer**
portable printer
laser printer
bubble jet
printer cartridge

Können Sie Ihre Broschüre scannen / einscannen und sie mir per E-Mail schicken?
Scanner, Bildabtaster

Webcam (an den Computer angeschlossene Kamera)
Wir haben jetzt an allen Terminals Webcams installiert, so dass wir jederzeit eine Videokonferenz einberufen können.

Steckkarte
Grafikkarte
Videokarte
Soundkarte

Lautsprecher
Mikrofon
Headset (Kopfhörer mit Mikrofon)
Anschluss
paralleler Anschluss
Schließen Sie Ihren Drucker an den parallelen Anschluss an.
serieller Anschluss
Com-Port (zum Anschließen von Modems etc.)

Zwei Com-Ports genügen normalerweise für einen durchschnittlichen Büro-PC.

Kabel, Leitung
das Kabel anschließen
das Kabel trennen / herausziehen
Druckerkabel
Stellen Sie sicher, dass das Druckerkabel herausgezogen ist, bevor Sie das Gerät öffnen.

Stecker
eingesteckt sein

Drucker
tragbarer Drucker
Laserdrucker
Tintenstrahldrucker
Druckerpatrone

| | |
|---|---|
| ink cartridge | Tintenkartusche (für den Drucker) |

**paper**
paper feed
paper tray
jam / paper jam

Papier
Papiereinzug
Papierschacht
(Papier-)Stau

**printout**
Can I have a printout of this address list?
print out
I have printed out the progress report.

Ausdruck (vom Drucker)
Kann ich einen Ausdruck dieser Adressenliste haben?
ausdrucken
Ich habe den Lagebericht ausge-druckt.

hard copy
dots per inch (= dpi)
WYSIWYG (= what you see is what you get)

Ausdruck
Punkte pro Zoll
WYSIWYG (= Darstellung auf dem Bildschirm entspricht der Darstel-lung im Ausdruck)

**laptop**
I'll take my laptop to the conference.

Laptop
Ich nehme mein Laptop mit zur Kon-ferenz.

**notebook**
Without my notebook, I'd forget half my appointments.

Notebook
Ohne mein Notebook würde ich die Hälfte meiner Termine vergessen.

**interface**
The user / software interface is still unsatisfactory.

Schnittstelle
Die Benutzer- / Software-Schnittstelle ist noch immer unbefriedigend.

## FAQs

**What are bits, bytes, megabytes and gigabytes exactly?**

Bit = the smallest unit of information that can be used by a computer
byte = 8 bits
kilobyte = 1,024 bytes
megabyte = 1,048,576 bytes
gigabyte = 1,073,741,824 bytes

# Software
Software

→ 11.1 Hardware / Hardware
→ 11.3 Mouseclicks & Keyboard / Mausklicks & Tastatur

There are two ways of constructing a software design. One way is to make it so simple that there are obviously no deficiencies, and the other way is to make it so complicated that there are no obvious deficiencies. The first method is far more difficult. (C.A.R. Hoare, quoted in www.quoteland.com)

| | |
|---|---|
| **software** | Software |
| software package | Softwarepaket |
| Our new software package contains a word-processing program, a speadsheet and lots of extras. | Unser neues Softwarepaket enthält ein Textverarbeitungsprogram, Tabellenkalkulation und viele Extras. |
| software ready to run on a computer | lauffähige Software |
| system software | Systemsoftware |
| compatible software | kompatible Software |
| speech recognition software | Spracherkennungssoftware |
| turnkey software | schlüsselfertige Software |
| We order turnkey software from STPI Bangalore. | Wir bestellen schlüsselfertige Software bei STPI Bangalore. |
| | |
| **program** | Programm, programmieren |
| instal (AE: install) a program | ein Programm installieren |
| How long does it take to instal this program? | Wie lange dauert es, dieses Programm zu installieren? |
| installation of a program | Installation eines Programms |
| implement a program | ein Programm implementieren |
| load a program | ein Programm laden |
| interrupt a program | ein Programm unterbrechen |
| run a program | ein Programm laufen lassen |
| compatible program | kompatibles Programm |
| Is this accounting program compatible with the Linux operating system? | Ist dieses Buchhaltungsprogramm mit dem Linux Betriebssystem kompatibel? |
| programming language | Programmiersprache |
| Which programming language have you used for the accounting software? | Welche Programmiersprache haben Sie für die Buchhaltungs-Software benutzt? |
| compile a program | ein Programm kompilieren |
| | |
| **version** | Version (eines Programms / einer Anwendung) |

| | |
|---|---|
| The pharmaceutical industry is waiting for the new version before they invest in new software. | Die Pharamindustrie wartet auf die neue Version, bevor sie in neue Software investiert. |
| upgrade a program | ein Programm verbessern, überarbeiten / die verbesserte Version laden |
| upgraded version | verbesserte Version |
| When will the upgraded version be released? | Wann kommt die verbesserte / überarbeitete Version heraus? |

**application**
business application
Could you web-enable our old business applications?

commercial application
computer applications programmer
made-to-measure / custom-made / customized applications

Anwendung
geschäftliche Anwendung
Könnten Sie unsere alten Business-Anwendungen Internet-tauglich machen?

kommerzielle Anwendung
Anwendungsprogrammierer(-in)
maßgeschneiderte Anwendungen

**operate**

operating system
Our new Linux operating system didn't cost us anything.

in Betrieb sein, funktionieren, arbeiten; bedienen, betreiben
Betriebssystem
Unser neues Linux Betriebssystem hat uns gar nichts gekostet.

**computer-aided** design (= CAD)

computer-aided manufacture (= CAM)
We've saved € 12,000 since we've used CAM.
computer-based training (= CBT)

computer-aided learning (= CAL)
machine-aided translation (= MAT)

computergestütztes Konstruieren

computergestützte Fertigung
Seit wir computergestützt fertigen, haben wir € 12.000 eingespart.
computergestütztes Lehr- und Lernprogramm
computergestütztes Lernen
computergestützte Übersetzung

**file**
copy a file
create a file
I'll open a new file for our Norwegian forwarders.
open / close a file
sort a file
recover a file
master file
access a computer file
file transfer
The file transfer didn't work.

Datei / in einer Datei ablegen
eine Datei kopieren
eine Datei anlegen / erstellen
Ich werde eine neue Datei für unsere norwegischen Spediteure anlegen.
eine Datei öffnen / schließen
eine Datei sortieren
eine Datei wiederherstellen
Stammdatei
eine Datei öffnen, aufrufen
Dateiübertragung
Die Dateiübertragung hat nicht funktioniert.

| | |
|---|---|
| save a file | eine Datei (ab)speichern |
| The mailing list is saved as a *.doc File. | Die Adressenliste ist als *.doc-Datei abgespeichert. |
| convert a file | eine Datei konvertieren, umwandeln |
| delete a file | eine Datei löschen |
| We can now delete the files with the old logo. | Wir können jetzt die Dateien mit dem alten Logo löschen. |

**text**
Text
text file — Textdatei
text-only document — Nur-Textdokument
text translation — Textkonvertierung

**access**
Zugriff
access data / files — auf Daten / Dateien zugreifen
access is denied — Zugriff ist verweigert
access to the required information — Zugriff auf die benötigten Informationen

have access to information / a database / a service / a library — Zugriff auf Informationen / eine Datenbank / einen Service / eine Bibliothek haben

access time — Zugriffszeit
access rights — Zugriffsrechte

**call up**
abrufen
call up data — Daten ab- / aufrufen
call up a file / a program / an application — eine Datei / ein Programm / eine Anwendung aufrufen
I tried to call up the file with the customer addresses. — Ich habe versucht, die Datei mit den Kundenadressen aufzurufen.

**graphics**
Grafik
graphic display — grafische Anzeige
graphic surface — grafische Oberfläche
'X Window' is the old graphic surface for Linux. — „X Window" ist die alte grafische Oberfläche für Linux.
Gif (= Graphics Interchange) — ein Grafikformat
icon — Symbol, ikonisches Zeichen

**backup** (copy)
Sicherheitskopie
make a backup (copy) — eine Sicherheitskopie erstellen
I'm positive I made a backup copy of our air waybills file. — Ich bin mir sicher, dass ich eine Sicherheitskopie unserer Luftfracht- brief-Datei gemacht habe.

**2**

**menu**
menu bar
Click on the question mark on your
menu bar.
pop-up menu
You can call up the help file via the
pop-up menu.

**bar**
navigation bar

**bug**
We've now found the bug which
brought our network to a standstill.

debug
I've run the debugging program
through several times.
**crash**
The system crashed while compiling
the new application.

**message**
My secretary forwards all email
messages to my holiday mailbox.

**word processor**
word processing
word-processing program
Which word-processing program do
you use for preparing your
presentations?

**spell**
spelling
spellcheck
spellchecker

**spreadsheet**
To call up the spreadsheet, you have
to click on the frog icon.

**accept**
If you accept our terms of payment,
enter your credit card number.

Menü
Menüleiste
Bitte klicken Sie auf das Fragezeichen
auf der Menüleiste.
Popup-Menü, Balkenmenü
Sie können die Hilfe-Datei über das
Popup-Menü aufrufen.

Leiste
Navigationsleiste, -balken

Programmfehler
Wir haben jetzt den Programmfehler
gefunden, der unser Netzwerk zum
Stillstand gebracht hat.
ein Programm von Fehlern befreien
Ich habe das Fehlersuchprogramm
mehrmals durchlaufen lassen.
abstürzen / Absturz
Das System stürzte ab, als es die
neue Anwendung kompilierte.

Nachricht, Mitteilung, Meldung
Meine Sekretärin leitet alle E-Mails
an meine Urlaubs-Mailbox weiter.

Textverarbeiter
Textverarbeitung
Textverarbeitungsprogramm
Mit welchem Textverarbeitungs-
programm bereiten Sie Ihre Präsen-
tationen vor?

buchstabieren
Rechtschreibung
die Rechtschreibung prüfen
Rechtschreibprüfung

Tabellenkalkulation
Um die Tabellenkalkulation aufzurufen, müssen Sie auf das Symbol
mit dem Frosch klicken.

übernehmen / akzeptieren
Wenn Sie unsere Zahlungsbedingun-
gen akzeptieren, geben Sie bitte
Ihre Kreditkartennummer ein.

**conform**
conform to

entsprechen
sich anpassen an

**capability**
My client was quite surprised at our
new terminal's capability.

Leistungsfähigkeit
Mein Kunde war von der Leistungsfähigkeit unseres neuen Terminals
ziemlich überrascht.

**interchangeable**
These two data strings are
interchangeable.
interchangeability

austauschbar
Diese beiden Datenreihen sind aus-
tauschbar.
Austauschbarkeit

**user**
multiple user
A multiple user may be a company
where several users use the same
software.
single user
A single user requires only one copy
of a software program.
user interface
user community
user-friendly
Our custom-made business
applications are extremely user-
friendly.
user identification (= user id)
username

Anwender(-in), Benutzer(-in)
Mehrfachnutzer
Ein Mehrfachnutzer könnte eine
Firma sein, in der mehrere Benutzer
dieselbe Software benutzen.
Einfachnutzer
Ein Einfachnutzer benötigt nur ein
Exemplar eines Softwareprogramms.
Benutzeroberfläche
Nutzergemeinde
benutzerfreundlich
Unsere maßgeschneiderten Business-
Anwendungen sind überaus
benutzerfreundlich.
Benutzeridentifikation
Anwendername

**interactive**
interactivity

interaktiv
Interaktivität

**voice recognition**

Spracherkennung

**standard**
standard format

Standard, Norm
Standardformat

**default** (setting)
default value
default

Standard(einstellung)
Standardwert
Standard-

**error**
error message
fatal error

Fehler
Fehlermeldung
unbehebbarer Fehler

**instructions** / directions
for use, operating instructions
We could produce one with Spanish
instructions.
operating manual / handbook /
user's guide
for a program
for the installation
step-by-step instructions

Bedienungsanleitung

Wir könnten eines mit spanischen
Anleitungen produzieren.
Benutzerhandbuch

zum Programm
für die Installation
schrittweise Erläuterungen

**command**
I don't understand this command.

Befehl, Anweisung
Ich verstehe diese Anweisung nicht.

**desktop**
We've developed a desktop which is
more user-friendly than Microsoft's.

desktop publishing (= DTP)

Desktop
Wir haben einen Desktop entwickelt,
der benutzerfreundlicher ist als der
von Microsoft.
Desktop-Publishing / Publizieren vom
Schreibtisch aus

**format**
Are these diskettes formatted?
document format
PDF (= portable document format)
For sales graphs, I recommend the
PDF format.
autoformat
I tend to use the autoformat function
to get my report into acceptable
shape.
template
landscape format

Format, formatieren
Sind diese Disketten formatiert?
Dokumentenformat
PDF-Format
Für Absatzdiagramme empfehle ich
das PDF-Format.
(Dokument) automatisch formatieren
Ich neige dazu, meine Berichte mit
der Autoformat-Funktion in eine
akzeptable Form zu bringen.
Formatvorlage
Querformat

**directory**

Verzeichnis

**zip**
unzip
zip file
zip disk

zip disk drive
zip disk flipper

Verfahren zur Dateikompression
Verfahren zur Dateidekompression
komprimierte Datei
ZIP-Diskette (Datenträger mit hoher
Kapazität)
ZIP-Disketten-Laufwerk
ZIP-Disk-Flipper (zur Aufbewahrung
von ZIP-Disketten)

**data**
arrange data
retrieve data

Daten
Daten ausrichten
Daten abrufen

| | |
|---|---|
| data processing | Datenverarbeitung |
| data processing system | Datenverarbeitungsanlage |
| electronic data processing (= EDP) | elektronische Datenverarbeitung (= EDV) |
| electronic data interchange (= EDI) | elektronischer Datenaustausch |
| data transfer | Datenübertragung / -austausch |
| data protection / security | Datenschutz |
| Data Protection Act (= DPA) | Datenschutzgesetz |
| stored data | gespeicherte Daten |
| database / data bank | Datenbank |
| My colleague couldn't access your database. | Mein Kollege konnte nicht auf Ihre Datenbank zugreifen. |
| raw data | unbearbeitete Daten |
| We require only raw data for our time series analyses. | Wir benötigen nur unbearbeitete Daten für unsere Zeitreihenanalysen. |
| data input / output | Dateneingabe / -ausgabe |

**input**
We've inputted the entire string now.

eingeben
Wir haben jetzt den gesamten String eingegeben.

**update**

aktualisieren / auf den neusten Stand bringen

What information needs updating?

Welche Informationen müssen auf den neuesten Stand gebracht werden?

## FAQs

### What does "RTFM" stand for?

It's an abbreviation (= *Abkürzung*) for 'read the fucking manual' – a slight hint (= *Andeutung*) that you should read the operating manual before bothering (= *nerven*) other people with stupid questions. It is often used as a reply to very basic questions. The expression is also used in the past tense (= *Vergangenheitsform*) to show that one has made the effort: 'I can't figure out how to connect my scanner, and, yes, I have RTFM!'

# Mouseclicks & Keyboard
Mausklicks & Tastatur

→ 11.2 Software / Software

Man is the tool-using animal, and as such he has become the lord of creation.
(William Ralph Inge, English prelate & writer 1860 – 1954)

| | |
|---|---|
| **click** (on) | anklicken |
| double click | doppelklicken |
| mouseclick | Mausklick |
| You're just a mouseclick away from a 2-month free subscription. | Sie sind nur einen Mausklick von einem zweimonatigen kostenlosen Abonnement entfernt. |
| | |
| **keyboard** | Tastatur |
| | |
| **key** / **button** | Taste |
| special-function key | Sonderfunktionstaste |
| shift (key) | Umschalttaste |
| Press the shift key plus 'C'. | Drücken Sie die Umschalttaste und „C". |
| | |
| back shift (key) | Rücktaste |
| arrow (key) | Pfeiltaste |
| Use the arrow keys to choose the required product. | Benutzen Sie die Pfeiltaste, um das gewünschte Produkt auszuwählen. |
| down / up arrow | Abwärts- / Aufwärtspfeiltaste |
| blank (key) | Leertaste |
| blank | Leerzeichen |
| Don't insert a blank between your first and last name. | Setzen Sie kein Leerzeichen zwischen Ihren Vor- und Nachnamen. |
| return (key) | Eingabetaste |
| Complete your order with 'return'. | Schließen Sie Ihre Bestellung mit der Eingabetaste ab. |
| | |
| press / hit the return key | die Eingabetaste drücken |
| press / hit Enter | Eingabe drücken |
| Press 'enter' to confirm your order. | Drücken Sie „Enter", um Ihre Bestellung zu bestätigen. |
| | |
| clear / delete (key) | Löschtaste |
| Avoid pressing the 'clear' key before saving, as you may lose your data. | Vermeiden Sie es, vor dem Speichern die Löschtaste zu drücken, da sonst Ihre Daten verloren gehen können. |
| control key (= ctrl) | Steuerungstaste (= Strg) |
| On our new keyboards, the control key is the 'Strg'. | Auf unseren neuen Tastaturen heißt die Steuerungsstaste „Strg". |
| delete (= del) / erase | entfernen (= Entf) / löschen |

**escape** key (= esc)
You may delete your order anytime by pressing the 'escape' key.

Press 'Escape' to end this demonstration.

escape / abort

Escapetaste (= Esc)
Sie können Ihre Bestellung jederzeit löschen, indem Sie die Escapetaste drücken.
Um die Demonstration zu beenden, drücken Sie bitte auf „Escape".

abbrechen

**"at" sign (= @)**

„Klammeraffe"

**emoticons**

„Emoticons" (Zeichenkombinationen, die Gefühle ausdrücken – hauptsächlich in E-Mails verwendet)

**caps** (= capital letters)
Don't use caps in the email address, except for the first lettters in the name.

caps lock key

Großbuchstaben
Benutzen Sie keine Großbuchstaben in der E-Mail-Adresse, außer für die ersten Buchstaben des Namens.

Feststelltaste für Umschalttaste

**slash**
backslash

Schrägstrich
negativer Schrägstrich

**insert**
How do I insert this address into the list?

einsetzen, einfügen
Wie füge ich diese Adresse in die Liste ein?

**entry**
enter sth
To subscribe, enter your name and email address.

Eingabe
etw eingeben (eintippen)
Bitte geben Sie Ihren Namen und Ihre E-Mail-Adresse ein, um ein Abonement anzufordern.

**undo**
To undo the installation, press F1.

rückgängig machen
Um die Installation rückgängig zu machen, drücken Sie F1.

**edit**
You may edit the catalogue text on (the) screen.

bearbeiten
Sie können den Katalogtext am Bildschirm bearbeiten.

**page** up / down
page break

Bild nach oben / unten
Seitenumbruch

**3**

| | |
|---|---|
| **scroll** up / down | vor- / zurückrollen |
| Let's scroll up the text and see if we find those missing paragraphs. | Lassen Sie uns den Text zurückrollen und sehen, ob wir die fehlenden Absätze finden. |
| **space** | Leerzeichen |
| space bar | Leertaste |
| single spacing | einzeiliger Abstand |
| double spacing | zweizeiliger Abstand |
| **justify** | ausrichten |
| left-justified | linksbündig |
| right-justified | rechtsbündig |
| unjustified | im Flattersatz |
| **center** | zentrieren |
| **margin** | Rand |
| **column** | Spalte |
| **tab** | Tabulator |
| Press the tab twice after each figure. | Drücken Sie den Tabulator zweimal nach jeder Zahl. |
| tab stop | Tabulatorstopp |
| **blank** | Leerzeichen, leer |
| go blank (screen) | das Bild verschwindet (Bildschirm) |
| **lock** | sichern, schließen |
| Lock the diskette box immediately after taking out your floppy disk! | Sichern Sie die Diskettenbox sofort nach Entnahme Ihrer Floppy-Diskette! |
| **skim** | überfliegen |
| My program has skimmed the report. | Mein Programm hat den Bericht überflogen. |
| **store** / **save** | speichern |
| At the end of the workday, we store all data on two backup copies. | Nach Arbeitsschluss speichern wir alle Daten auf zwei Sicherheits-kopien. |
| **read** | lesen, einlesen |
| read only | schreibgeschützt |
| **write** | schreiben |
| write-protected | schreibgeschützt |
| overwrite | überschreiben |
| **type** | tippen |

**icon**

To call up the spreadsheet, I have to
click on this funny icon here.

Bildsymbol

Um die Tabellenkalkulation aufzurufen, muss ich auf dieses komische
Symbol klicken.

**cursor**

Move the cursor to the person you
wish to speak to and klick on the
corresponding icon.

Cursor

Bewegen Sie den Cursor auf die
Person, die Sie ansprechen
möchten, und klicken Sie auf das
zugehörige Symbol.

**pointer**

Mauszeiger

**copy**

Have you (already) copied the
agenda?
pirate copy

Kopie / kopieren

Haben Sie die Tagesordnung schon
kopiert?
Raubkopie

**clipboard**

Zwischenablage

**cut**

Don't forget to cut out the old zip
code.
cut and paste
Why don't we cut and paste the
mixed-up names in these invoices?

ausschneiden

Vergessen Sie nicht, die alte Postleitzahl auszuschneiden.
ausschneiden und einsetzen
Lassen Sie uns die falsch angeord-
neten Namen in diesen Rechnun-
gen ausschneiden und richtig
einsetzen.

**drag and drop**

Draw the cursor to the item on the list
you wish to purchase, then drag and
drop it into your shopping basket.

„ziehen und fallen lassen" (mit der
Maus)
Ziehen Sie den Cursor auf den Artikel
auf der Liste, den Sie kaufen möchten, dann ziehen sie ihn in Ihren
Einkaufskorb und lassen ihn hinein-
fallen.

**search and replace**

suchen und ersetzen

**bold**
boldface
Can we use boldface for the labelling?

fett
Fettdruck
Können wir die Aufkleber in Fett-
druck haben?

**italics**
I usually type the country of origin in
italics.

kursiv
Ich tippe das Ursprungsland normalerweise kursiv.

**highlight**
Let's highlight the company name in our logo.

farblich hervorheben
Lassen Sie uns den Firmennamen in unserem Logo farblich hervor-heben.

**table**
Would you arrange the export checklist in a table?

Tabelle
Würden Sie die Export-Checkliste in einer Tabelle anordnen?

**underline**
Don't forget to underline the total.

unterstreichen
Vergessen Sie nicht, die Gesamtsum-me zu unterstreichen.

**frame**
Can we frame the special offers?

einrahmen / Rahmen
Können wir die Sonderangebote ein-rahmen?

**font**

Schriftart

**character**
character set
character size
character spacing
characters per line

Zeichen, Buchstabe
Zeichensatz
Zeichenbreite / -größe
Zeichenabstand
Zeichen pro Zeile

**upper / lower case**
in upper case
upper-case letter
in lower case
lower-case letter
be case-sensitive

groß-/ kleingeschrieben
in Großbuchstaben
Großbuchstabe
in Kleinbuchstaben
Kleinbuchstabe
Groß- und Kleinschreibung unter-scheiden

## FAQs

### What is a QWERTY keyboard?

It refers to the keyboard layout used in English-speaking countries (including the UK and the US). The word QWERTY contains the first six letters on the keyboard. This layout differs from the German standard, which is QWERTZ.

# Internet / Intranet

Internet / Intranet

**4**

→ 11.2 Software / Software
→ 11.3 Mouseclicks & Keyboard / Mausklicks & Tastatur

As in so many other areas, the Internet allows the democratisation of goods and information. (Ward Hanson, Stanford University Business School professor and author of *Principles of Internet Marketing*)

| | |
|---|---|
| **Net**, the / **Internet**, the | das Internet |

 *Die Bezeichnungen the* Net *und* the Internet *sind austauschbar.*

| | |
|---|---|
| You can order goods via the Net / the Internet or by phone. | Sie können Waren über das Internet oder telefonisch bestellen. |
| access to the Net | Zugang zum Internet |
| internet connection | Internet-Anschluss |
| **Intranet** | Intranet |

---

### Info-Box

*Innerhalb einer Firma wird die Technologie des Internets oft als* Intranet *eingesetzt. Dabei können die verbundenen Rechner auch auf beliebige Standorte (= locations) verteilt sein. Das Intranet gewährleistet Sicherheit im firmeneigenen System, da sich niemand von außerhalb in das nach außen abgeschottete Netz einschleusen kann.*

*Viele Unternehmen implementieren ein* Extranet, *um Kunden, Lieferanten, Händler und Partner in ihr firmeninternes Netz zu integrieren. Das* Extranet *ist ebenfalls ein auf der Internet-Technologie basierendes, in sich geschlossenes Netz (= closed network), in dem die Nutzung nur den angebundenen Organisationen möglich ist. Diese können über einen Internet Browser auf interne Datenbanken der angebundenen Organisationen zugreifen, mit diesen über E-Mail kommunizieren, oder Daten austauschen (z. B. Bestellungen aufgeben oder bestätigen). Ein großes Extranet oder ein Verbund von Extranets, das branchenspezifische Online-Dienste anbietet, wird auch als* Virtual Private Network *bezeichnet.*

---

| | |
|---|---|
| **location** | Standort |
| **bricks-and-mortar company** | Firma, die nicht nur im Internet repräsentiert ist |

**netiquette**

Netikette, Konventionen, die das
Verhalten im Netz regeln

---

*Info-Box*

*Netiquette – Der Knigge im Cyberspace*

*Die folgenden Verhaltensregeln für das Internet wurden von den ersten
Internet-Nutzern entwickelt. Dieser Cyberspace-Knigge, heute als „Netiquette"
bezeichnet, hilft Ihnen, höflich und fair an der elektronischen Kommunikation
teilzunehmen.*

*1) Das Recht auf freie Meinungsäußerung ist zu respektieren.*
*2) Private Mitteilungen sind auch im Cyberspace vertraulich zu behandeln.
Veröffentlichen Sie niemals private Informationen ohne Erlaubnis des
Urhebers – weder über Adressenlisten noch in Chat- oder Newsgroups.*
*3) Verschicken Sie keine unnötigen Mitteilungen, insbesondere keine Werbung.
Dies ist ein grober Verstoß der Netiquette.*
*4) Beantworten Sie E-Mails direkt über die Antwort-Funktion oder beziehen
Sie sich bei Antworten auf den Text der E-Mail – am besten mit aus dem
Original zitierten bzw. kopierten Textabschnitten.*
*5) Es gilt als ausgesprochen unfein, die Orthografie anderer Teilnehmer zu
korrigieren oder deren Ausdrucksvermögen zu kritisieren.*
*6) In der Kürze liegt die Würze: Formulieren Sie kurz und prägnant.*
*7) Das Verfassen von Texten oder Textabschnitten in Großbuchstaben ist
unnötig und wird als „Schreien" aufgefasst – wenn Sie etwas Wichtiges
mitzuteilen haben, wird man Ihnen auch zuhören, OHNE DASS SIE
SCHREIEN.*
*8) Schlechtes Benehmen wie Anpöbeln oder das Verbreiten von Anzüglichkeiten
sind selbstverständlich ebenfalls geächtet.*
*9) Das Überfordern einer Mailbox durch Massensendungen ist nicht nur ein
Fauxpas, sondern wird auch strafrechtlich verfolgt.*

---

**dial in**
When we're at our Hamburg office,
we dial in to / with our local server.

sich einwählen
Wenn wir in unserem Hamburger
Büro sind, wählen wir uns in
unseren Server vor Ort ein.

**terminal**

Terminal (Computer, der mit einem
Server verbunden ist. Als „End-
gerät" kann dort auf hochwertige
Programme und Daten zurückge-
griffen werden)

**URL** (= Unique Resource Location)

URL (Adresse einer WWW-Seite, die
weltweit nur einmal vorkommt)

**Info-Box**

*Manche Adressen im WWW beginnen nicht mit http://, sondern mit gopher://.
Ein Gopher ist ein menüorientiertes Suchsystem zum Auffinden von Verzeichnissen und Dokumenten. Gopher-Informationsquellen werden häufig mit dem
Symbol der Wühlmaus angezeigt (= engl. Bedeutung von* Gopher*).*

| | |
|---|---|
| **workstation** | Workstation (leistungsstarker Computer, der von mehreren Terminals als Server verwendet werden kann) |
| **log on** | sich anmelden / Anmeldung |
| After you've logged on, the program prompts you to enter your password. | Nach dem Anmelden verlangt das Programm die Eingabe Ihres Passwortes. |
| log off | sich abmelden / Abmeldung |
| Your colleague cannot log on before you have logged off. | Ihr Kollege kann sich nicht anmelden, bevor Sie sich abgemeldet haben. |
| log into a system | sich in ein System einloggen |
| You can log into us directly from anywhere in the world. | Sie können sich von jedem Ort der Welt direkt bei uns einloggen. |
| **chat** | Chat („Unterhaltung", die über Tastatur und Bildschirm geführt wird) |
| chatting | Chatten (Online-Unterhaltung zwischen mindestens 2 Benutzern) |
| chat group | Chat-Gruppe (Gruppe von Chat-Teilnehmern) |
| There's a new chat group on the service of South American hotels. | Es gibt eine neue Chat-Gruppe über den Service in südamerikanischen Hotels. |
| **animation** | Animation |
| Do you use animation on your webpage? | Benutzen Sie Animationen auf Ihrer Webseite? |
| **discussion group** | Diskussionsgruppe |
| I've joined a discussion group on phone tariffs. | Ich bin einer Diskussionsgruppe über Telefontarife beigetreten. |
| **real time** | Echtzeit |
| real-time processing | Echtzeitverarbeitung |

**4**

| | |
|---|---|
| **code** | kodieren, verschlüsseln / Kode |
| encode | verschlüsseln |
| decode | entschlüsseln |
| bar code | Strichkode |
| bar code scanner | Strichkodescanner |
| coding program | Verschlüsselungsprogramm |

**account / computer account**

Account (Die Berechtigung, sich in einen Computer per Datenleitung einzuwählen und etwas zu schreiben, z. B. eigene WWW-Seiten.)

**mailing list / address list**
Adressenliste
It seems the entries in our address list have tripled over the last month.
Scheinbar haben sich die Einträge in unserer Adressenliste im letzten Monat verdreifacht.

**cyberspace**
Cyberspace
My office is in cyberspace.
Mein Büro befindet sich im Cyberspace.

**virtual reality**
virtuelle Realität
We use virtual reality for our simulations.
Wir benutzen die virtuelle Realität für unsere Simulationen.

**ISDN** (= Integrated Services Digital Network)
ISDN (ermöglicht wesentlich schnellere Datenübertragung als herkömmliche Modems)

**download**
herunterladen
download a patch
eine Korrekturroutine herunterladen
It took only 20 seconds to download the patch.
Es dauerte nur 20 Sekunden, den Patch (= Korrekturroutine) herunterzuladen.

download a file
eine Datei herunterladen
download data / a program
Daten / ein Programm herunterladen
download software
Software herunterladen
download from an FTP server / from the Net
von einem FTP-Server / aus dem Internet herunterladen
You can download the list of participants from our FTP server.
Sie können die Teilnehmerliste von unserem FTP-Server herunterladen.
download, a
eine heruntergeladene Datei
downloading of digital data
Abruf / Herunterladen von digitalen Daten

downloading
Herunterladen von Software

**network**
We make information available quickly through electronic networks.

network failure
Due to a network failure, they couldn't access our terminals all weekend.
network community
closed network
network card
network driver
networking
nui (= network user identity)

I still haven't memorized my nui.

local area network (= LAN)

**host**

**line**
on-line
be on-line / connected to the network
Our system has to be on-line 24 hours, in order to deal with customer requests.
off-line
be off-line
on-line newsletter

If you wish to subscribe to our on-line company newsletter, click the box below.

**server**

Our server kicked us out in the middle of the video conference.
webserver

Netz, Netzwerk
Wir machen Informationen über elektronische Netzwerke schnell verfügbar.
Netzpanne
Auf Grund einer Netzpanne konnten sie das ganze Wochende über nicht auf unsere Terminals zugreifen.
Netzgemeinde
geschlossenes Netz
Netzwerkkarte
Netzwerktreiber
Rechnerverbund
NUI (Benutzeridentifikation im Netz-werk)
Ich habe mir meine NUI immer noch nicht gemerkt.
LAN, lokales Netz

Host, zentraler Rechner

Verbindung
online
online sein
Unser System muss 24 Stunden online sein, um Kundenanfragen zu bearbeiten.
offline, nicht verbunden
offline sein
Online-Rundschreiben, Mitteilungs-blatt
Wenn Sie unser Online-Rundschrei-ben erhalten möchten, so klicken Sie bitte auf das Kästchen unten.

Server  (Computer oder Computer-system, auf dem Daten und Pro-gramme gespeichert sind, die von Benutzern vernetzter Computer abgerufen werden können)
Unser Server warf uns mitten in der Videokonferenz heraus.
Webserver (Rechner, der Dateien verwaltet und sie den Netz-benutzern zur Verfügung stellt)

**4**

mail server

Mail-Server (ein zentraler Computer, der den E-Mail-Verkehr verwaltet, indem er ausgehende E-Mails weiterleitet und eingegangene so lange in den jeweiligen Mailboxen der Empfänger speichert, bis diese ihre Mailbox leeren, d. h., die gespeicherten Inhalte über eine Internetleitung auf ihre Rechner herunterladen.)

**provider**
Our previous provider was not reliable.
Internet Service Provider (= ISP)

Provider
Unser früherer Provider war nicht zuverlässig.
Netzprovider, Internet-Provider

**carbon copy** (= CC)

Kopie einer elektronischen Nachricht

---

*Info-Box*

*Carbon Copy ist die englische Bezeichnung für einen Durchschlag per Kohle-papier, also eine altmodische Form der Kopieanfertigung. Beim Verschicken einer E-Mail erhalten alle unter CC aufgelisteten Empfänger eine Kopie dieser E-Mail. Um zu vermeiden, dass die einzelnen Empfänger wissen, wer diese Mail sonst noch erhalten hat, oder um ihnen eine endlos lange Adressen-liste zu ersparen, wählt man die BCC-Form (BCC steht für blind carbon copy).*

---

**attachment**

Attachment, Anlage (an E-Mails angehängte Dateien)

**computer virus**
anti-virus program
against viruses

Computervirus
Anti-Viren-Programm
gegen Viren

**firewall**

Schutzsystem für Computer, das un-befugten Zugang abschottet

**source**
source code
source document

Quelle
Quellcode
Originaldokument

**WWW (= WorldWideWeb)**
be represented on the Internet / on the WWW

WWW
im Internet / WWW vertreten sein

**browse** | „blättern", sich von Seite zu Seite durch das WWW bewegen

browser | Browser (Programm, mit dem man im WWW „blättern" kann)

Which browser do you prefer – Netscape or Microsoft Explorer? | Welchen Browser bevorzugen Sie: Netscape oder den Microsoft Explorer?

**surf** | surfen (sich mit der Leichtigkeit eines Wellenreiters im WWW bewegen)

surf the Net | durch das Internet surfen

surfer | jmd, der im WWW surft

**HTML** (= **H**ypertext **M**arkup **L**anguage) | HTML (Skriptsprache, mit der Webseiten erstellt werden)

**newbie** | Newbie  (Neuling im WWW – jeder neue Internet-Benutzer)

**homepage** | Homepage

webpage | Webseite

website | Website

**web-enabled** | Internet-tauglich

**hyperlink** | Hyperlink (anklickbarer Verweis auf ein anderes Dokument)

We've set up a hyperlink to your company's website. | Wir haben einen Hyperlink zur Webseite Ihrer Firma gelegt.

**hypertext** | Hypertext (elektronische Dokumente, die Hyperlinks zu anderen Dokumenten enthalten)

I prefer to edit the hypertext version of the conference report. | Ich ziehe es vor, die Hypertext-Version unseres Konferenzberichts zu bearbeiten.

**hypermedia** | Hypermedia (elektronische Medien, die Hyperlinks enthalten)

Our monthly newsletter will also appear as a hypermedia version on our website. | Unser monatliches Rundschreiben wird auch als Hypermedia-Version auf unserer Webseite erscheinen.

**digital brochure** | digitale Broschüre

**e-business** | E-Business

e-commerce (= electronic commerce) | E-Commerce, Internethandel

**4**

| | |
|---|---|
| e-tailing (= electronic retailing) | elektronischer Einzelhandel |
| electronic currency | elektronische Währung |
| cybermoney | Cybergeld |

---

**Info-Box**

*Das* WorldWideWeb, *auch W3 oder einfach* Web *genannt, ist ein Teil des Internets. Durch die Einführung des Hypertexts wurde das WWW sehr benutzerfreundlich und so für ein breiteres Publikum attraktiv. Über das WWW können Multimedia-Daten (Ton, Bild, Sprache) schnell und preiswert abgerufen und verschickt werden.*

---

| | |
|---|---|
| **subscribe** | abonnieren |
| subscription | Abonnement |
| subscribe to updates | Updates abbonieren |
| | |
| **shareware** | Shareware (Probeversionen oder Ansichtsexemplare einer Software. Sie ist kostenlos oder mit einer Shareware-Gebühr bzw. freiwilligen Zahlung an den Autor erhältlich.) |
| shareware version | Shareware-Version (eines Programms) |
| | |
| **public domain** | Public Domain (ein allgemein zugänglicher „Raum", in dem man sich kostenlos bewegen kann und dessen Produkte kostenlos benutzt oder heruntergeladen werden können) |
| public domain software | frei verfügbare Software |
| | |
| **spam** | Werbemüll im Internet |
| spamming | Spamming, Verbreiten von Werbemüll im Internet |
| spam mail | über E-Mails verbreiteter Werbemüll im Internet |
| | |
| **dictionary** | Wörterbuch |
| **encyclopaedia** | Enzyklopädie |
| **reference work** | Nachschlagewerk |
| **table of contents** | Inhaltsverzeichnis |

# Travelling
## Reisen

# Arrangements
## Vorbereitungen

→ 4.3 Meeting Customers / Kunden treffen

The journey is the reward. (Taoist saying)

| | |
|---|---|
| **make arrangements** | organisieren, Vorkehrungen treffen, (etw) veranlassen |
| fixed arrangement | feststehende Vereinbarung |
| **connection** | Verbindung |
| connect with | Anschluss haben an |
| | |
| **direction** | Richtung |
| **east** | Osten, Ost- |
| eastern | östlich, Ost- |
| **west** | Westen, West- |
| western | westlich, West- |
| **north** | Norden, Nord- |
| northern | nördlich, Nord- |
| **south** | Süden, Süd- |
| southern | südlich, Süd- |
| south-east / north-west, etc | Südost- / Nordwest- usw. |
| northbound / in a northerly direction | in nördlicher Richtung |
| | |
| **book a flight** | einen Flug buchen |
| booking | Buchung |
| confirm a booking | eine Buchung bestätigen |
| | |
| **business class / economy class / first class** | Businessklasse / Touristenklasse / erste Klasse |
| business trip | Geschäftsreise |
| on business | geschäftlich |
| I'm travelling on business. | Ich reise geschäftlich. |
| **reserve a seat** | einen Platz reservieren |
| reservation | Buchung, Reservierung |
| I made a reservation by phone. | Ich habe telefonisch reserviert. |
| | |
| **travel agency** | Reisebüro |
| **deposit** | Anzahlung |
| **return ticket** (AE: round-trip ticket) | Rückfahrkarte |
| return journey (AE: round trip) | Hin- und Rückfahrt |
| **single ticket** (AE: one-way ticket) | Einzelfahrschein |
| **there and back** | hin und zurück |
| **destination** | Reiseziel |

| | |
|---|---|
| **timetable / schedule** | Zeit- / Stunden- / Termin- / Fahrplan |
| according to the timetable | nach dem Fahrplan |
| flight schedule | Flugplan |
| **itinerary** | Reiseroute / -plan |
| draw up an itinerary | einen Reiseplan aufstellen |
| | |
| **local time** (= lt) | Ortszeit |
| **arrival** | Ankunft |
| **departure** | Abfahrt / Abflug |
| **scheduled time** of arrival (= STA) | planmäßige Ankunftszeit |
| scheduled time of departure (= STD) | planmäßige Abflugszeit |
| **estimated time** of arrival (= ETA) | voraussichtliche Ankunftszeit |
| estimated time of departure (= ETD) | voraussichtliche Abfahrts- /Abflugs- zeit |
| | |
| **actual time** of arrival (= ATA) | tatsächliche Ankunftszeit |
| peak times | Hauptverkehrszeit |
| **24-hour clock** | 24-Stunden-Uhr |
| | |
| **visa** | Visum |
| apply for / issue a visa | ein Visum beantragen / ausstellen |
| You should apply for the visa at least six weeks ahead. | Sie sollten das Visum mindestens sechs Wochen im Voraus bean- tragen. |
| | |
| application for a visa | Antrag auf ein Visum |
| entry visa | Einreisevisum |
| | |
| **abroad / overseas** | im / ins Ausland |
| **consulate / embassy** | Konsulat / Botschaft |
| **passport** | Reisepass |
| **valid / invalid** | gültig / ungültig |
| period of validity | Gültigkeitsdauer |
| **vaccination** | Schutzimpfung |
| certificate of vaccination | Impfzeugnis |
| **traveller's cheque** (AE: traveler's check) | Reisescheck |
| **travel allowance** | Reisekostenvergütung |
| **customs and habits** | Sitten und Gebräuche |
| | |
| **meal** | Mahlzeit |
| **guided tour** | Führung |
| **map** | Stadtplan |
| **Tourist Information** | Fremdenverkehrsamt |

# Airport & Flight
## Flughafen & Flug

**2**

→ 12.1 Arrangements / Vorbereitungen

In the space age, man will be able to go around the world in two hours – one hour for flying and the other to get to the airport. (Neil McElroy, American businessman and public official, born 1904)

| | |
|---|---|
| **airline** | Fluglinie |
| **airport** | Flughafen |
| airport tax | Flughafengebühr |
| | |
| **arrivals / departure lounge** | Ankunfts- / Abflughalle |
| transit lounge | Wartehalle / -saal |
| **terminal** | Abfertigungsgebäude am Flughafen |
| **check in** | sich anmelden, einchecken |
| check-in counter | Abfertigungsschalter |
| **boarding pass / card** | Bordkarte |
| landing card | Einreisekarte |
| | |
| **baggage / luggage** | Gepäck |
| baggage claim | Gepäckausgabe |
| baggage tracing | Gepäckermittlung |
| baggage insurance | Gepäckversicherung |
| luggage trolley (AE: baggage cart) | Kofferkuli / Gepäckwagen |
| hand luggage | Handgepäck |
| excess baggage | Übergewicht |
| luggage area | Kofferraum |
| **briefcase** | Aktentasche |
| | |
| **flight** | Flug |
| scheduled flight | planmäßiger Flug / Linienflug |
| connecting flight | Anschlussflug |
| flight attendant | Flugbegleiter(-in) |
| inland flight / domestic flight | Inlandflug |
| | |
| international flight | internationaler Flug |
| direct flight | Direktflug |
| nonstop flight | Non-Stop-Flug |
| **intermediate stop** | Zwischenstop / -landung |
| touch down | zwischenlanden |
| | |
| **reroute** | umleiten |
| **desk** | Schalter |
| **emergency exit** | Notausgang |

| | |
|---|---|
| **gate** | Flugsteig |
| **last call** | letzter Aufruf |
| **air traffic control** | Flugsicherung |
| **take-off** | Abflug |
| **nothing to declare** | nichts zu verzollen |
| **toilets** | Toiletten |

---

*Info-Box*

*Typische Ankündigungen und Fragen in Flughafensituationen*

| | |
|---|---|
| Attention, please! | Achtung bitte! |
| All BA112 passengers continuing their flight to Miami are requested to proceed immediately to Gate 15. | Alle Transitpassagiere der BA112 nach Miami werden gebeten, sich sofort zum Flugsteig 15 zu begeben. |
| Last call for BA Flight 112 from London to Miami Gate 15. | Letzter Aufruf für Flug BA112 von London nach Miami Flugsteig 15. |
| Do you have any hand luggage? | Haben Sie Handgepäck? |
| The flight has been delayed. | Der Flug wurde verschoben. |
| We're running 45 minutes late. | Wir haben eine Verspätung von 45 Minuten. |
| Check-in is one hour before take-off. | Sie können eine Stunde vor dem Abflug einchecken. |
| The flight has been cancelled. | Der Flug wurde gestrichen / ist ausgefallen. |
| Fasten your seatbelts, please. | Bitte anschnallen. |

---

## FAQs

### What's the difference between a direct flight and a nonstop flight?

With both flights, you reach your destination without changing planes (= *ohne umzusteigen*). But only with a nonstop flight can you assume (= *annehmen*) that there will be no intermediate stop.

# Train & Taxi
## Zug & Taxi

→ 12.1 Arrangements / Vorbereitungen

This is the age of the train. (British Rail advertising slogan, late 20th century)

| | |
|---|---|
| **railway** (AE: railroad) | Eisenbahn |
| **Underground** (*in* London *auch* the Tube *genannt*) (AE: subway) | U-Bahn |
| **front / rear coaches** | vordere / hintere Wagen |
| **restaurant car** | Speisewagen |
| **smoker / non-smoker** | Raucher / Nichtraucher |
| **fare** | Fahrpreis |
| **supplement** | Zuschlag |
| pay a supplement | einen Zuschlag bezahlen |
| **catch a train** | einen Zug nehmen |
| miss a train | einen Zug verpassen |
| express train | Schnellzug |
| high-speed train | Hochgeschwindigkeitszug |
| through train | durchgehender Zug |
| to the trains | zu den Zügen |
| **station** | Bahnhof |
| mainline station | Fernbahnhof |
| call at a station | an einem Bahnhof halten |
| **platform** (AE: track) | Bahnsteig / Gleis |
| **automatic ticket machine** | Fahrkartenautomat |
| **porter** | Gepäckträger |
| **Ladies / Gentlemen** | Damen / Herren |
| **waiting room** | Wartesaal |
| **left luggage locker / left luggage office** | Gepäckaufbewahrung |
| lost property office (AE: lost-and-found) | Fundbüro |
| **time of arrival / time of departure** | Ankunfts- / Abfahrtszeit |
| **public transport** | öffentlicher Verkehr |

**vacant**
Excuse me, is this seat vacant?

**occupied / taken**
No, I'm afraid it's taken.

**taxi** (AE: cab)
taxi rank
**tip**
tip the driver
**For Hire**
free / vacant

frei
Entschuldigen Sie, ist dieser Platz
  noch frei?

besetzt
Nein, leider ist er besetzt.

Taxi
Taxistand
Trinkgeld
dem Fahrer ein Trinkgeld geben
zu vermieten
frei

---

### Info-Box

*Typische Ankündigungen und Fragen in Zugsituationen*

Single or return?
First or second class?

Einfache Fahrt oder Rückfahrt?
Erster oder zweiter Klasse?

Tickets, please!

Die Fahrkarten bitte!

The train leaves from platform 3.

Der Zug fährt von Bahnsteig 3 ab.

This train goes via Waterloo /
  terminates here.

Der Zug fährt über Waterloo /
  endet hier.

The train for Liverpool Street is
  running late.

Der Zug nach Liverpool Street
  hat Verspätung.

Change here for Cambridge.

Reisende nach Cambridge
  steigen hier um.

Change at Ipswich.

In Ipswich umsteigen.

You have to change at Ely.

Sie müssen in Ely umsteigen.

The train now arriving at platform 1
  is the 12.32 to Ipswich, calling at
  Stowmarket.

Der an Bahnsteig 1 einfahrende
  Zug fährt um 12.32 Uhr weiter
  über Stowmarket nach Ipswich.

# FAQs

## London has several mainline stations. How can I know which to use?

London's mainline stations connect with (= *verbinden*) different regions, as follows:

| | |
|---|---|
| Victoria | to the South, eg Brighton |
| Liverpool Street | to East Anglia, eg Cambridge & Ipswich |
| Kings Cross | to the North, eg York |
| St Pancras | to the Midlands & Sheffield |
| Euston | to the Midlands & Aberdeen |
| Paddington | to the West, eg Bristol, Oxford; to South Wales, eg Cardiff |
| Charing Cross | to the South-East, eg Dover |
| Waterloo | to the South-West, eg Southampton |

The London mainline stations are connected to each other by public transport – that is, by Underground and bus.

# 12
## 4 Hotel

→ 12.1 Arrangements / Vorbereitungen

The great advantage of a hotel is that it's a refuge from home life. (G.B. Shaw, Irish playwright and commentator, 1856 – 1950)

| | |
|---|---|
| **accommodate** | unterbringen |
| accommodation | Unterkunft |
| **single** / **double room** | Einzelzimmer / Doppelzimmer |
| | |
| **reserve a room /** | ein Zimmer reservieren |
| **make a reservation** | |
| Do you want me to make a reservation for you at the Bristol Hotel? | Soll ich für Sie im Bristol Hotel ein Zimmer reservieren lassen? |
| room service | Zimmerservice |
| bedroom / bathroom | Schlafzimmer / Bad |
| bath / shower | Bad / Dusche |
| | |
| **included** (in the bill) | inbegriffen |
| Are tax and service included in the bill? | Sind Steuer und Bedienung inbegriffen? |
| | |
| **check in / check out** | sich anmelden / abreisen |
| | |
| **register** | eintragen |
| **reception** | Rezeption |
| Please leave your key at reception. | Bitte geben Sie den Schlüssel an der Rezeption ab. |
| | |
| **receptionist /** | Empfang |
| **reception desk** | |
| | |
| **departure** | Abfahrt |
| Guests should vacate their rooms before 11.30am on the day of departure. | Die Gäste sollten ihre Zimmer am Abfahrtstag bis 11.30 Uhr verlassen. |
| | |
| **lift** (AE: elevator) | Aufzug |
| **stay** | Aufenthalt |
| | |
| **menu** | Speisekarte |
| **breakfast** | Frühstück |
| working breakfast / lunch | Arbeitsfrühstück / -essen |
| brunch (= breakfast and lunch) | Frühstück und Mittagessen |
| bed & breakfast (= B&B) | Übernachtung mit Frühstück |

| | |
|---|---|
| **en suite facilities** | Zimmer mit Bad / Dusche und WC |
| **switch / socket / plug** | Schalter / Steckdose / Stecker |

---

*Info-Box*

*Deutsche Stecker (= plugs) passen nicht in englische Steckdosen. Daher empfiehlt sich das Einpacken eines Mehrfachadapters.*

*In englischen Hotels wird meist alternativ Continental breakfast oder englisches Frühstück (= English breakfast, auch cooked breakfast genannt) angeboten. Das englische Frühstück besteht neben Cereals (z. B. Cornflakes, Müsli) vor allem aus Eiern (= eggs) mit Speck (= bacon), Wurst (= sausages), Pilzen (= mushrooms) oder gegrillten Tomaten (= grilled tomatoes). Man reicht dazu Toast, Butter und Orangenmarmelade (= marmalade), Orangensaft (= orange juice), sowie Kaffee oder Tee.*

*Wenn Sie geeignete Räumlichkeiten für die Durchführung von geschäftlichen Besprechungen, Konferenzen oder Präsentationen suchen und auf Fax- und Internet-Verbindungen angewiesen sind, empfiehlt es sich, ein Hotel mit business centre zu buchen.*

---

| | |
|---|---|
| **wake** | wecken |
| wake-up call / alarm call | Weckruf |
| Could you wake me at seven, please? | Könnten Sie mich bitte um sieben wecken? |

| | |
|---|---|
| **valuables** | Wertsachen |
| **suitcase / case** | Koffer |
| **message** | Nachricht |
| **shuttle service** | Pendelverkehr |
| **parking facilities** | Parkmöglichkeiten |

## FAQs

### How do 1-, 2-, 3-, 4- and 5-crown hotels in Britain get their crowns?

Crowns (= Kronen) are awarded by the English Tourist Board (address, page 283). The number of crowns is based on these criteria: cleanliness (= Sauberkeit), service, bedrooms, bathrooms / showers, food quality, public areas (eg lifts, reception) and general requirements such as safety and security (= Sicherheit).

# Car & Car Hire

→ 12.1 Arrangements / Vorbereitungen

Everything in life is somewhere else and you get there in a car. (E.B. White, US humourist and essayist, born 1899)

| | |
|---|---|
| **hire a car** | ein Auto mieten |
| car hire / car rental | Autovermietung |
| hire charge | Mietgebühr |
| | |
| **mileage charge** | Gebühr pro gefahrene Meile |
| unlimited mileage | ohne Meilenbegrenzung |
| | |
| **car documents** | Fahrzeugpapiere |
| Please don't leave the documents inside the vehicle. | Bitte lassen Sie die Fahrzeugpapiere nicht im Wagen. |
| | |
| **right-hand drive** (car) | Rechtslenker |
| | |
| **deposit** | Kaution |
| | |
| **vehicle** | Fahrzeug / Wagen |
| **seat belt** | Sicherheitsgurt |
| | |
| **straight ahead** | geradeaus |
| **bear left** | links halten |
| **short cut** | Abkürzung |
| **priority** | Vorfahrt |
| **overtake** | überholen |
| **give way (to traffic)** | die Vorfahrt beachten |
| | |
| **Highway Code**, the | die Straßenverkehrsordnung (UK) |
| **traffic** | Verkehr |
| traffic lights | Verkehrsampel |
| **pedestrian zone** | Fußgängerzone |
| **built-up area** | geschlossene Ortschaft |
| | |
| **roundabout** (AE: traffic circle) | Kreisverkehr |
| | |
| Give way to traffic on the roundabout. | Beachten Sie die Vorfahrt im Kreisverkehr. |
| **crossroads** (AE: intersection) | Kreuzung |
| | |
| **T-junction** | T-Einmündung |

| | |
|---|---|
| **solid / double yellow line** | durchgehender / doppelter gelber Streifen |
| **exit** | Ausfahrt |
| **bend** | Kurve |
| | |
| **fill up** | volltanken |
| **garage / petrol station / filling station** (AE: gas station) | Tankstelle |
| **petrol / fuel** (AE: gas or gasoline) | Benzin |
| **diesel** | Diesel |
| **leaded / unleaded** | verbleit / bleifrei |
| | |
| **car park** (AE: parking lot) | Parkplatz |
| **no parking** | Parken verboten |
| Unauthorized vehicles will be towed away at owner's expense. | Unberechtigt parkende Fahrzeuge werden kostenpflichtig abgeschleppt. |
| | |
| parking meter | Parkuhr |
| | |
| **motorway** (AE: freeway) | Autobahn |
| **highway** (AE) | Hauptverkehrsstraße (etwa: Bundesstraße, Autobahn) |
| | |
| **major / minor road** | Fern- / Nebenstraße |
| | |
| **accident** | Unfall |
| have an accident | einen Unfall haben |
| I'd like to report an accident. | Ich möchte einen Unfall melden. |
| **breakdown** | Panne |
| break down | eine Panne haben |
| **seek help** | Hilfe suchen |
| | |
| **passenger insurance** | Insassenversicherung |
| extra insurance | Zusatzversicherung |
| insurance documents | Versicherungspapiere |
| fully comprehensive insurance | Vollkaskoversicherung |
| Collision Damage Waiver | Verzicht seitens des Vermieters auf Schadenersatzansprüche bei Schäden am vermieteten Fahrzeug |
| | |
| **exclusion of liability** | Haftungsausschluss |
| | |
| **driving licence** (AE: driving license) | Führerschein |
| | |
| full driving licence | Führerschein Klasse III |
| This is an international driving licence. | Dies ist ein internationaler Führerschein. |

| | |
|---|---|
| **ask for directions** | nach dem Weg fragen |
| Whereabouts is the main office? | Wo ungefähr ist / In welcher Gegend ist die Geschäftsstelle? |
| **be situated in** / **on** | liegen in / auf, gelegen sein in / auf |
| You can't miss it. | Sie können es nicht verfehlen. |
| **miles per hour** (= mph) | Meilen pro Stunde |
| miles per gallon (= mpg) | Meilen pro Gallone |
| **speed limit** | Geschwindigkeitsbegrenzung |
| reduce speed now | Geschwindigkeit jetzt reduzieren |

## FAQs

### Do I have to study the Highway Code before I drive in the UK?

The Highway Code is the system of rules (= *Regelwerk*) which road users must follow in the UK. Drivers from Europe should study the important points which might differ from (= *sich unterscheiden von*) their home rules:

– Drive on the left!
– Traffic on a roundabout has priority over traffic approaching (= *sich nähern*) the roundabout.
– When driving, overtake on the right – not on the left.
– A solid yellow line on the roadside means "no parking". A double yellow line means "no stopping" (= *nicht anhalten*).
– Every front-seat occupant (= *Insasse, der vorn sitzt*) must wear a seat belt.

### How can I convert (= umrechnen) miles to kilometers?

1 mile = *1,609 Kilometer.*
10 miles = about 16 kms; 20 miles = about 32 kms; 50 miles = about 129 kms; 100 miles = about 161 kms.

### What are the speed limits in the UK?

30 mph (= 48 km/h) in built-up areas (= *Wohngebiete*); 60 mph (= 97 km/h) on major roads; 70 mph (= 113 km/h) on motorways.

# Appendices
## Anhang

# Orthography
## Rechtschreibung

### Using Capital Letters

### Verwendung von Großbuchstaben

Großbuchstaben (= Capital letters oder block capitals) werden bei Namen historischer Ereignisse, offiziellen Titeln und allen solchen Wörtern (einschließlich Adjektiven) benutzt, die auf Namen von Orten, Personen oder Nationalitäten basieren.

| | |
|---|---|
| The Second World War | der Zweite Weltkrieg |
| the German Embassy | die deutsche Botschaft |
| in Victorian style | im viktorianischen Stil |
| the Chinese market | der chinesische Markt |

### British English / American English

### Britisches Englisch / Amerikanisches Englisch

#### Spelling

#### Schreibweise

| British | | American | |
|---|---|---|---|
| -our | colour, flavour, neighbour | -or | color, flavor, neighbor |
| -re | centre, metre, litre, theatre | -er | center, meter, liter, theater |
| -ce | defence, offence, licence | -se | defense, offense, license |
| -ae- | anaesthetic, orthopaedist, archaeology | -e- | anesthetic, orthopedist, archeology |
| -ll- | cancelled, dialling, traveller (But: BE: instalment / AE: installment) | -l- | canceled, dialing, traveler |

# Vocabulary       Wortschatz

> **Info-Box**
>
> *Britische und amerikanische Ausdrücke sind oft austauschbar. Insbesondere werden viele amerikanische Ausdrücke immer öfter ins britische Englisch übernommen, z. B. das amerikanische Wort für „Urlaub" (vacation), das ursprünglich nur mit dem Wort holiday übersetzt wurde.*

| British English | American English | Deutsch |
|---|---|---|
| anticlockwise | counterclockwise | gegen den Uhrzeigersinn |
| articulated lorry | truck-trailer | Lastzug |
| autumn | fall | Herbst |
| bill (in a restaurant) | check (in a restaurant) | Rechnung (im Restaurant) |
| bridging loan | bridge loan | Überbrückungskredit |
| broker | negotiator | Makler |
| building society | savings and loan association | Bausparkasse |
| call box | phone booth | Telefonhäuschen, Telefonzelle |
| car park | parking lot | Parkplatz |
| caretaker | janitor | Hausmeister |
| cash in hand | cash on hand | Barbestand |
| catalogue | catalog | Katalog |
| chartered acountant | certified public accountant | Wirtschaftsprüfer |
| cheque | check | Scheck |
| classified ads | small ads | Kleinanzeigen |
| clearance sale | close-out sale | Räumungsverkauf |
| current account | checking account | laufendes Konto |
| curriculum vitae (= CV) | résumé | Lebenslauf |
| customise | customize | speziell anfertigen; umbauen |
| deposit account | savings account / time deposit | Sparkonto |
| directory enquiries | directory assistance | Telefonauskunft |
| do it again | do it over | wiederholen |
| drawing pin | thumbtack | Reißzwecke |
| driving licence | driving license | Führerschein |
| estate agent | realtor / real estate agent | Immobilienmakler |
| ex-directory number | unlisted number | eine Geheimnummer (die nicht im Telefonbuch steht) |
| fill in | fill out | ausfüllen (Formular) |
| full stop | period | Punkt |
| garage / petrol station | gas station | Tankstelle |
| goods train | freight train | Güterzug |
| holding company | proprietary company | Dachgesellschaft |
| holiday | vacation | Urlaub |
| inland post | domestic mail | Inlandspost |
| instal | install | installieren |

| British English | American English | Deutsch |
|---|---|---|
| interim payment | progress payment | Abschlagszahlung |
| invoice | bill | fakturieren |
| letterbox / postbox | mailbox | Briefkasten |
| lift | elevator | Aufzug |
| lorry | truck | Lastwagen |
| lost property office | lost-and-found | Fundbüro |
| luggage trolley | baggage cart | Kofferkuli |
| motorway | freeway | Autobahn |
| national insurance contributions | social security contributions | Beiträge zur Sozialversicherung |
| newsagent | newsdealer | Zeitungshändler |
| note / banknote | bill | Geldschein |
| noticeboard | bulletin board | Schwarzes Brett, Anschlagtafel |
| or near(est) offer (o.n.o) | or best offer (o.b.o) | oder gegen Höchstgebot |
| part payment | partial payment | Teilzahlung |
| pay phone | pay station | Münztelefon |
| pay the whole bill | pick up the tab | für alle zahlen |
| pay-as-you-earn | pay-as-you-go | Quellenabzug (= Einkommen-steuer) |
| petrol | gas (or: gasoline) | Benzin |
| phone box | phone booth | Telefonhäuschen, Telefonzelle |
| platform | track | Bahnsteig |
| post | mail | verschicken |
| post(al) code | ZIP code | Postleitzahl |
| postal card | letter card | Postkarte mit aufgedruckter Briefmarke |
| poste restante | general delivery | postlagernd |
| preference shares | preferred stock | Vorzugsaktien |
| profit and loss account (P&L account) | profit and loss statement | Gewinn- und Verlustrechnung |
| publicity leaflet | broadside | Werbezettel |
| railway | railroad | Eisenbahn |
| recorded delivery | certified mail | per Einschreiben (= unver-sichert) |
| registered post | registered mail | per Einschreiben (= versichert) |
| return journey | round trip | Hin- und Rückfahrt |
| return ticket | round-trip ticket | Rückfahrkarte |
| reverse charge call | collect call | R-Gespräch (= der Angerufene zahlt) |
| reverse the charges | call collect | R-Gespräch führen |
| ring off | hang up | auflegen |
| roundabout | traffic circle | Kreisverkehr |
| rubber | eraser | Radiergummi |
| season ticket | commuter ticket | Saisonkarte |
| shareholder | stockholder | Aktionär/-in, Anteilseigner/-in |
| shopping centre | shopping mall | Einkaufszentrum |
| single ticket | one-way ticket | Einzelfahrschein |
| sleeping partner | silent partner | stiller Teilhaber |
| spare time | leisure-time | Freizeit |
| stand | booth | Stand (Messe) |

| British English | American English | Deutsch |
|---|---|---|
| tailor-made / made-to-measure | custom-made / customized | maßgeschneidert |
| take stock | take inventory | Inventur machen |
| tax allowance | tax exemption | Steuerfreibetrag |
| taxi | cab | Taxi |
| telephonist | switchboard operator | Telefonist(-in) |
| tick | check | abhaken |
| trade(s) union | labor union | Gewerkschaft |
| tram | streetcar | Straßenbahn |
| trunk call | long distance call / toll call | Ferngespräch |
| Underground / Tube | subway | U-Bahn |
| unit trust | mutual fund | Investmentfonds |
| value added tax (= VAT) | sales tax | Mehrwertsteuer |
| working week | workweek | Arbeitswoche |

Note also:

| British English | American English | Deutsch |
|---|---|---|
| ground floor | first floor | Erdgeschoß |
| first floor | second floor | erster Stock |
| second floor | third floor | zweiter Stock |
| usw. | | |

# B Abbreviations
Abkürzungen

## A

| | | |
|---|---|---|
| @ | "at" sign | „Klammeraffe" |
| a.a.r. | against all risks | gegen alle Gefahren / Risiken |
| A/N | advice note | Avis / Versandanzeige / Versandschein / Frachtbrief |
| AA | Automobile Association | in Deutschland etwa: ADAC |
| acct | account | Konto |
| AD | anno domini | nach Christus (= n.Chr.) |
| afaik (E-Mail Abkürzung) | as far as I know | soweit ich weiß |
| afb | air freight bill | Luftfrachtbrief |
| AGM | Annual General Meeting | Jahreshauptversammlung |
| A-levels | Advanced Levels | Allgemeine Hochschulreife-(prüfung) |
| am | ante meridiem | vormittags |
| AOB | Any Other Business (on an agenda) | Sonstiges |
| approx. | approximately | ca., ungefähr |
| APR | Annual Percentage Rate | effektiver Jahreszinssatz |
| asap | as soon as possible | so schnell wie möglich |
| ATA | actual time of arrival | tatsächliche Ankunftszeit |
| ATM | cash dispenser / automated teller machine | Geldautomat |
| attn | attention | zu Hd. (zu Händen) |
| AWB | air waybill | Luftfrachtbrief |

## B

| | | |
|---|---|---|
| BACS | Bank Automated Clearing Services | elektronisches Überweisungsverkehrssystem |
| B&B | bed & breakfast | Übernachtung mit Frühstück |
| BC | before Christ | vor Christus (= v.Chr.) |
| BCC | blind carbon copy | Kopie einer elektronischen Nachricht |
| b/d | brought down | vorgetragen |
| B/E | bill of exchange | Wechsel |
| b/f | brought forward | übergetragen |
| B/L | bill of lading | Konnossement |
| B/P | bills payable | Wechselverbindlichkeiten |
| B/R | bills receivable | Wechselforderungen |
| B2B | business to business | von Unternehmen zu Unternehmen |
| bbl (E-Mail Abkürzung) | be back later | bin bald wieder da |
| B2C | business to customer | vom Unternehmen zum Kunden |
| BEP | break-even point | Kostendeckungspunkt |
| bn | billion | Milliarde |
| BTB | business to business | von Unternehmen zu Unternehmen |

| | | |
|---|---|---|
| BTC | business to customer | vom Unternehmen zum Kunden |
| btw (E-Mail Abkürzung) | by the way | übrigens |

## C

| | | |
|---|---|---|
| CC | carbon copy | Kopie einer elektronischen Nachricht |
| C of C | Chamber of Commerce | (Industrie- und) Handels-kammer (= IHK) |
| c/f | carried forward | Vortrag |
| C/I | certificate of insurance | Versicherungszertifikat |
| C/N | credit note | Gutschriftsanzeige |
| c/o | care of | per Adresse, bei |
| C/O | certificate of origin | Ursprungszeugnis, Herkunfts-bescheinigung |
| C/R | carrier's risk | Risiko des Spediteurs, Fracht-führers |
| CAD | cash against documents | Kasse gegen Dokumente |
| CAD | computer-aided design | computergestütztes Konstruieren |
| CAL | computer-aided learning | computergestütztes Lernen |
| CAM | computer-aided manufacture | computergestützte Fertigung |
| CAP | Common Agricultural Policy | gemeinsame Agrarpolitik der EU |
| caps | capital letters | Großbuchstaben |
| CAR | compounded annual rate | jährliche Gesamtverzinsung |
| CBA | cost-benefit analysis | Kosten-Nutzen-Analyse |
| CBD | cash before delivery | zahlbar vor Lieferung |
| CBT | computer-based training | computergestütztes Lehr- und Lernprogramm |
| CD | compact disk | CD (= Datenträger mit hoher Kapazität) |
| CD burner | CD burner | CD-Brenner |
| CD-ROM drive | CD-ROM drive | CD-ROM Laufwerk |
| CEO | Chief Executive Officer | Chef(-in) eines Großkonzerns (AE) |
| CET | Central European Time | Mitteleuropäische Zeit (MEZ) |
| CET | Common External Tariff | gemeinsamer Außenzolltarif |
| CFC | chlorofluorocarbon | Fluorkohlenwasserstoff (= FCKW) |
| CFO | Chief Financial Officer | Leiter(-in) der Finanzabteilung |
| CFR | Cost and Freight | Kosten und Fracht |
| cge paid | carriage paid | Transport bezahlt |
| CGT | capital gains tax | Kapitalertragssteuer |
| chq | cheque | Scheck |
| CI | consular invoice | Konsulatsfaktura |
| cia | cash in advance | Vorausbezahlung |
| CIF | Cost, Insurance and Freight | Kosten, Versicherung und Fracht |
| CIP | Carriage and insurance paid | frachtfrei versichert |
| CIS | Commonwealth of Independent States | Gemeinschaft unabhängiger Staaten (= GUS) |
| CLM | career-limiting move | |
| Co | Company | Gesellschaft |
| $CO_2$ | carbon dioxide | Kohlendioxid |

| | | |
|---|---|---|
| COD | cash on delivery | Barzahlung bei Lieferung, Nachnahme |
| COS | cash on shipment | Barzahlung bei Versand, Verschiffung |
| CPI | Consumer Price Index | Verbraucherpreisindex |
| CPT | carriage paid to | frachtfrei |
| CPU | central processing unit | zentrale Verarbeitungseinheit |
| Cr | credit | Kredit |
| CTP | Community Transport Procedure | Gemeinschaftliches Versandverfahren |
| ctrl | control | Steuerung (= Strg) |
| cu (E-Mail Abkürzung) | see you | man sieht sich |
| CV | curriculum vitae | Lebenslauf |
| CVD | cash versus documents | Kasse gegen Dokumente |
| CWO | cash with order | Barzahlung bei Auftragserteilung |

**D**

| | | |
|---|---|---|
| D/A | documents against acceptance | Dokumente gegen Akzept |
| d/b | date of birth | Geburtsdatum |
| D/N | debit note | Lastschriftanzeige |
| D/O | delivery order | Lieferauftrag / -schein |
| D/P | documents against payment | Dokumente gegen Zahlung |
| DAF | delivered at frontier | geliefert Grenze |
| DAP | documents against payment | Dokumente gegen Zahlung |
| DAX | German Share Index | Deutscher Aktienindex |
| DC | developed country | Industrieland |
| DDP | delivered duty paid | geliefert verzollt |
| DDU | delivered duty unpaid | geliefert unverzollt |
| del | delete | entfernen (= Entf) / löschen |
| dep | department | Abteilung |
| DEQ | delivered ex quay (duty paid) | geliefert ab Kai (verzollt) |
| DES | delivered ex ship | geliefert ab Schiff |
| div | dividend | Dividende |
| DIY store | do-it-yourself store | Baumarkt |
| DJIA | Dow Jones Industrial Average | Dow-Jones-Industrieaktien-Index |
| doz | dozen | Dutzend |
| DPA | Data Protection Act | Datenschutzgesetz |
| dpi | dots per inch | Punkte pro Zoll |
| DRTV | direct response television | Fernsehen mit der Möglichkeit zur direkten Antwort |
| DTI | Department of Trade and Industry | Wirtschaftsministerium (UK) |
| DTP | desktop publishing | Desktop-Publishing / Publizieren vom Schreibtisch aus |
| DTVC | desktop video conference | Desktop-Videokonferenz |
| DVP | delivery versus payment | zahlbar bei Lieferung |

**E**

| | | |
|---|---|---|
| E & OE | errors and omissions excepted | Irrtümer und Auslassungen vorbehalten |
| E/L | export licence | Ausfuhr- / Exportlizenz |
| EAON | except as otherwise noted | wenn nicht anders angegeben |
| e-business | electronic business | E-Business |
| ECB | European Central Bank | Europäische Zentralbank (= EZB) |
| e-commerce | electronic commerce | E-Commerce |
| EDI | electronic data interchange | elektronischer Datenaustausch |
| EDP | electronic data processing | EDV (= elektronische Daten-verarbeitung) |
| EFT | electronic funds transfer | elektronischer Zahlungs-verkehr / elektronische Konto-einzahlung |
| EFTPOS | electronic funds transfer at point of sale | elektronischer Zahlungsver-kehr (POS-System) |
| eg | for example (exempli gratia) | zum Beispiel |
| EGM | Extraordinary General Meeting | außerordentliche Hauptver-sammlung |
| EMU | European Monetary Union | Europäische Währungsunion (= EWU) |
| Encl(s) | enclosure(s) | Anlage(n) |
| EPOS | electronic point of sale | elektronisches Kassenterminal |
| EPS | earnings per share | Gewinnrendite, Gewinn je Aktie |
| ERDF | European Regional Development Fund | Europäischer Regionalent-wicklungsfonds |
| esc | escape | Escape (= Esc) |
| est | estimate / estimated | Kostenvoranschlag / geschätzt |
| ETA | estimated time of arrival | voraussichtlicher Ankunftstermin |
| etc | and so on (et cetera) | und so weiter |
| ETD | estimated time of departure | voraussichtliche Abfahrts- / Ab-flugzeit |
| EU | European Union | Europäische Union (= EU) |
| EXW | Ex works | ab Werk |
| e-zine | electronic magazine | elektronische Zeitschrift |

**F**

| | | |
|---|---|---|
| F&T | fire and theft | Feuer und Diebstahl |
| f/d | free delivery | Lieferung frei Haus |
| F/S | financial statement | Finanzaufstellung |
| FAO | for the attention of | zu Händen von |
| FAQ | frequently asked question(s) | häufig gestellte Frage(n) |
| faq | fair average quality | Handelsgut mittlerer Art und Güte |
| FAS | free alongside ship | frei Längsseite Seeschiff |
| FCA | free carrier | frei Frachtführer |
| FCR | Forwarding Agent's Certificate of Receipt | Spediteurübernahme-bescheinigung |
| ffa | free from alongside | frei von längsseits des Schiffes |
| fig | figure | Abbildung |
| fo | firm offer | verbindliches Angebot |
| FOB | free on board | frei an Bord |
| foc | free of charge | gebührenfrei, gratis, kostenlos |

| | | |
|---|---|---|
| fod | free of damage | frei von Beschädigung / Beschädigung nicht zu unseren Lasten |
| FOR | free on rail | frei Bahn / frei Waggon |
| FPAD | freight payable at destination | Fracht zahlbar am Bestimmungsort |
| frt | freight | Fracht(kosten) |
| frt fwd | freight forward | Fracht per Nachnahme / zahlbar am Bestimmungsort |
| frt ppd | freight prepaid | Fracht vorausbezahlt |
| FT | Financial Times | Financial Times (= Zeitung) |
| ft | foot | Fuß (= etwa 30cm) |
| FT Index | Financial Times Stock Exchange 100 Index | Aktienindex der Financial Times |
| FTSE | Financial Times Stock Exchange 100 Index | Aktienindex der Financial Times |
| FY | financial year | Geschäftsjahr |

**G**

| | | |
|---|---|---|
| gbo | goods in bad order | Ware in schlechtem Zustand |
| GCSEs | General Certificates of Secondary Education | britische Reifeprüfung, die in etwa der FOS-Reife entspricht |
| GDP | Gross Domestic Product | Bruttoinlandsprodukt (BIP) |
| Gif | Graphics Interchange Format | ein Grafikformat |
| GM | genetically modified | genmanipuliert |
| GNP | Gross National Product | Bruttosozialprodukt |
| govt | government | Regierung |
| gr wt | gross weight | Bruttogewicht |

**H**

| | | |
|---|---|---|
| HGV | heavy goods vehicle | Schwertransporter, LKW |
| hon | honorary | ehrenamtlich |
| HP | hire purchase | Raten- / Teilzahlungskauf |
| HQ | headquarters | Hauptgeschäftsstelle / Zentrale |
| HR | human resources | Personalwesen, -entwicklung |
| HTML | Hypertext Markup Language | Skriptsprache, mit der Webseiten erstellt werden können |
| HTTP | Hypertext Transfer Protocol | Protokoll, das den Austausch von Multimedia-Daten zwischen Computern erlaubt |

**I**

| | | |
|---|---|---|
| i/c | in charge | zuständig |
| I/L | import licence | Einfuhr- / Importlizenz |
| ic (E-Mail Abkürzung) | I see | ach so |
| ICC | International Chamber of Commerce | Internationale Handelskammer |
| ID-card | identity card | (Personal-)Ausweis |
| IDD | international direct dialling | internationaler Selbstwählferndienst |
| ie | id est / that is | d.h. |

| | | |
|---|---|---|
| IMF | International Monetary Fund | Internationaler Währungs-<br>fonds (IWF) |
| imho (E-Mail<br>Abkürzung) | in my humble opinion | meiner bescheidenen Meinung<br>nach |
| IMO | international money order | Auslandspostanweisung |
| IMT | international monetary transfer | internationale Geldüberweisung |
| Inc | incorporated company (US) | Aktiengesellschaft |
| incl | including | einschließlich |
| inst | instant (= of this month) | dieses Monats |
| IOU | I owe you (= statement of debt) | Schuldschein |
| IRC | international reply coupon | internationaler Rückantwort-<br>schein |
| IRL (E-Mail<br>Abkürzung) | in Real Life | im richtigen Leben |
| ISDN | Integrated Services Digital<br>Network | digitales Netzwerk für integrierte<br>Dienste |
| ISO | International Standards<br>Organization | Internationaler Normen-<br>ausschuss |
| ISP | Internet Service Provider | Netzprovider, Internet-Provider |
| IT | information technology | Informationstechnik / Informatik |

**J**

| | | |
|---|---|---|
| J/A | joint account | gemeinsames Konto / Gemein-<br>schaftskonto |
| JIT delivery | just-in-time delivery | wartezeitfreie Lieferung / JIT-Lie-<br>ferung |
| JIT | just-in-time | gerade noch rechtzeitig |

**K**

| | | |
|---|---|---|
| Kb | kilobyte | Kilobyte |
| kg | kilogram | Kilogramm |
| km | kilometre | Kilometer |

**L**

| | | |
|---|---|---|
| LAN | local area network | LAN, lokales Netz |
| L/C | letter of credit | Akkreditiv |
| lb | pound | britisches Pfund (= 453,6 Gramm) |
| LDC | less developed country | Entwicklungsland |
| LIP | life insurance policy | Lebensversicherung |
| loc. cur. | Local currency | Landeswährung |
| lol (E-Mail<br>Abkürzung) | laughing out loud | ich lache laut |
| lt | local time | Ortszeit |
| Ltd | private limited company | GmbH |

**M**

| | | |
|---|---|---|
| MAT | machine-aided translation | computergestütztes Über-<br>setzungsprogramm |
| MB | megabyte | Megabyte |
| MBA | Master of Business Administration | internationales postgraduiertes<br>Wirtschaftsdiplom |

| | | |
|---|---|---|
| MD | managing director | Vorstandsvorsitzende(r) Geschäftsführer(-in) |
| MEA | manufacturer's export agent | Exportagent eines Herstellers |
| mi | mile | Meile |
| min. wt. | minimum weight | Mindestgewicht |
| MIP | marine insurance policy | Seeversicherungspolice |
| misc | miscellaneous | Verschiedenes |
| MO | money order | Zahlungsanweisung |
| mpg | miles per gallon | Meilen pro Gallone |
| MPW | maximum permissible weight | zulässiges Höchstgewicht |
| MRP | Manufacturer's Recommended Price | Preisempfehlung des Herstellers |
| MS | motor ship | Motorschiff |
| MV | merchant vessel | Handelsschiff |

## N

| | | |
|---|---|---|
| n/30 | 30 days net | 30 Tage netto |
| n/c | no charge | gebührenfrei, gratis, kostenlos |
| NAFTA | North American Free Trade Agreement | nordamerikanisches Freihandelsabkommen |
| N/P | net price | Nettopreis |
| NEC | National Exhibition Centre | Messezentrum in Birmingham, UK |
| NHS | National Health Service | Staatlicher Gesundheitsdienst, UK |
| NIC | newly industrializing country | Schwellenland |
| NOL | net operating loss | Nettobetriebsverlust |
| NOP | net operating profit | Nettobetriebsgewinn |
| nt wt | net weight | Nettogewicht |
| nui | network user identity | NUI (Benutzeridentifikation im Netzwerk) |
| NVQ | National Vocational Qualification | anerkannte berufliche Qualifikation, UK |
| NYSE | New York Stock Exchange | New Yorker Wertpapierbörse |

## O

| | | |
|---|---|---|
| o/c | overcharge | zu hohe Berechnung |
| o/s | out of stock | ausverkauft, nicht vorrätig |
| OD | overdraft | Überziehung eines Kontos |
| OECD | Organization for Economic Co-operation and Development | Organisation für wirtschaftliche Zusammenarbeit und Entwicklung |
| OFT | Office of Fair Trading | Amt für Verbraucherschutz, UK |
| OHP | overhead projector | Tageslichtprojektor |
| on appro | on approval | zur Ansicht / auf Probe |
| OPM | other people's money | anderer Leute Geld |
| or | owner's risk | Eigners Gefahr |
| OR | Official Receiver | Konkursverwalter (amtlich) |
| orig | original | Original |
| OS | outsize | Übergröße |
| OT | overtime | Überstunden |
| oz | ounce | Unze (= 28 gramm) |

**P**

| | | |
|---|---|---|
| P to P | port to port | von Hafen zu Hafen |
| P&L | profit and loss account | Gewinn- und Verlustrechnung |
| p&p | postage and packing | Porto und Verpackung |
| P&R | park and ride | parken und pendeln |
| p.l. | public liability | öffentliche Haftpflicht |
| P/E ratio | price / earnings ratio | Kurs-Gewinn-Verhältnis |
| p/i | proforma (or: pro-forma) invoice | Proforma-Rechnung |
| P/L | partial loss | Teilschaden / - verlust |
| pa | per annum | pro Jahr |
| PA | personal assistant | Chefsekretär(-in) / Assistent(-in) |
| PAYE | pay-as-you-earn | Quellenabzug (= Einkommen- steuer) |
| pc | per cent | Prozent |
| pce | piece | Stück |
| pcs | pieces | Stück(e) |
| pct | per cent | Prozent |
| PD | proof of delivery | Lieferbestätigung(sschein) |
| pd | paid | bezahlt |
| PDF | portable document format | PDF-Format |
| PER | price / earnings ratio | Kurs-Gewinn-Verhältnis |
| PIN | Personal Identification Number | Geheimzahl |
| PLC, plc | public limited company | (etwa) AG |
| pm | post meridiem | nachmittags |
| PO Box | post office box | Postfach |
| PO | post office | Post / Postamt |
| POD | pay on delivery | zahlbar bei Ablieferung |
| POS | point of sale | Verkaufsstelle / Verkaufsort |
| ppa | per power of attorney | in Vollmacht / im Auftrag |
| ppd | prepaid | vorausbezahlt |
| PR | public relations | Öffentlichkeitsarbeit |
| PRP | performance-related pay | leistungsbezogenes Gehalt |
| PS | postscript | Nachsatz |
| pt | pint | Pint (= 0,568 litre) |
| pto | please turn over | bitte wenden |
| Pty | proprietary company (AE) | Dachgesellschaft |
| PV | present value | gegenwärtiger Wert |

**Q**

| | | |
|---|---|---|
| Qty | quantity | Menge |
| QWERTY | (Englisch) keyboard | englische Tastatur |

**R**

| | | |
|---|---|---|
| R&D | Research & Development | Forschung & Entwicklung (F&D) |
| R/D | Refer to drawer | „zurück an Aussteller" |
| R/E | rate of exchange | Wechselkurs |
| R/I | rate of interest | Zinssatz |
| RAM | random access memory | Arbeitsspeicher / Direktzugriff- speicher |
| Re | Referring to / Reference | betreffs / bezüglich / unter Bezugnahme auf |
| re (E-Mail Abkürzung) | returned, repeat hi | wieder da, erneut „Hallo" |

| | | |
|---|---|---|
| recd | received | erhalten |
| ref | Referring to / Reference | betreffs / bezüglich / unter Bezugnahme auf |
| rep | sales representative | Handelsvertreter(-in) / Vertreter(-in) |
| RN | release note | Freigabebescheinigung |
| RO/RO | roll-on roll-off | RoRo-Verkehr |
| ROG | payment on receipt of goods | Zahlung bei Erhalt der Ware |
| ROI | return on investment | Ertrag aus Kapitalanlage |
| ROM | read only memory | Festspeicher |
| RP | retail price | Einzelhandelspreis |
| RPI | Retail Price Index | Index der Einzelhandelspreise |
| RRP | Recommended Retail Price | empfohlener Abgabepreis / unverbindliche Preisempfehlung |
| RSA | Royal Society of Arts | englische Prüfungsbehörde |
| RSVP | Répondez s'il vous plait | um Antwort wird gebeten (u.A.w.g.) |
| rtfm (E-Mail Abkürzung) | read the fucking manual | lies gefälligst das Handbuch oder die Hilfeseiten |
| RTS | return to sender | an den Absender zurück |

**S**

| | | |
|---|---|---|
| SAD | Single Administrative Document | Einheitspapier / einheitliches EU-Begleitpapier |
| sae | stamped addressed envelope | frankierter / freigemachter Rückumschlag |
| SDR | special drawing rights | Sonderziehungsrechte (= SZR) |
| SMEs | small and medium-sized enterprises | kleine und mittelständische Unternehmen |
| Soc | Society | Gesellschaft |
| SPQR | small profits, quick returns | kleine Gewinne, schnelle Umsätze |
| SS | steamship | Dampfer |
| STA | scheduled time of arrival | planmäßige Ankunftszeit |
| STD | scheduled time of departure | planmäßige Abfahrtszeit |
| SV | sailing vessel | Segelschiff |
| SWIFT | Society for Worldwide Interbank Financial Telecommunications | SWIFT |

**T**

| | | |
|---|---|---|
| T/O | transfer order | Überweisungsauftrag |
| TIR | Transport International Routier | TIR |
| TM | trademark | Warenzeichen |
| TOP | terms of payment | Zahlungsbedingungen |
| TQM | total quality management | umfassendes Qualitätsmanagement |
| TU | trade(s) union | Gewerkschaft |
| TUC | Trades Union Congress | Gewerkschaftsbund, UK (deutsche Version: DGB) |

## U

| | | |
|---|---|---|
| UCP | Uniform Customs and Practice for Documentary Credits | Einheitliche Richtlinien für Dokumentenakkreditive (= ERA) |
| UK | United Kingdom | Vereinigtes Königreich |
| URCs | Uniform Rules for Collections | Einheitliche Richtlinien für Inkassi (ERI) |
| USA | United States of America | Vereinigte Staaten von Amerika |
| user id | user identification | Benutzeridentifikation |
| USP | unique selling point | einzigartiges Verkaufsargument / Alleinstellungsmerkmal |

## V

| | | |
|---|---|---|
| VAT | value added tax | Mehrwertsteuer |
| VAT No. | value added tax number | MwSt Nr. (= Mehrwertsteuernummer) |
| VC | video conference, video conferencing | Videokonferenz, Videokonferenzschaltung |
| VCR | video cassette recorder | Videogerät, Videorekorder |
| VDT | visual display terminal | Bildschirmgerät |
| VDU | visual display unit | Bildschirmgerät |
| vol | volume | Umsatzvolumen / Volumen |

## W

| | | |
|---|---|---|
| w.a.r. | with all risks | mit allen Gefahren / Risiken |
| wc | without charge | gebührenfrei, ohne Berechnung |
| wef | with effect from | mit Wirkung vom |
| wk | week | Woche |
| WPA | with particular average | mit besonderer Havarie |
| WTO | World Trade Organisation | Welthandelsorganisation |
| WYSIWYG | what you see is what you get | Darstellung auf dem Bildschirm entspricht der Darstellung im Ausdruck |

## Z

| | | |
|---|---|---|
| ZIP code | (AE) post(al) code | Postleitzahl |

# Sample Letters & Faxes
## Musterbriefe & -faxe

### An Enquiry
### Eine Anfrage

We refer to the discussion we had at the last Amsterdam Fair with your sales manager, Mr Gerd Kroll. On that occasion, Mr Kroll promised to send us information about your new external fax memory 'Memowhizz'.

Unfortunately, this information still has not reached us. As we still see good prospects of success if the equipment were put onto the British market, we would like to ask you once again to send us the information and, with it, your quotation for 400 units. Would you also please send detailed information about your terms of payment and discounts for regular purchases.

Furthermore, we would like to ask whether you could possibly translate the operating instructions into English. Our analyses have shown that this is an important precondition for the sale of the equipment on the British market.

*Wir beziehen uns auf das Gespräch, das wir auf der letzten Amsterdamer Messe mit Ihrem Verkaufsleiter, Herrn Gerd Kroll, geführt haben. Herr Kroll versprach damals, uns Informationen über Ihren neuen externen Faxspeicher „Memowhizz" zuzusenden.*

*Leider sind die Unterlagen bis heute noch nicht bei uns eingetroffen. Da wir nach wie vor gute Chancen sehen, das Gerät erfolgreich auf dem britischen Markt zu vertreiben, möchten wir Sie heute nochmals um Zusendung der Unterlagen und zugleich eines Angebots über 400 Stück bitten. Fügen Sie bitte Ihrem Angebot vollständige Angaben über Zahlungsbedingungen und Rabatte für regelmäßige Käufe bei.*

*Darüber hinaus möchten wir anfragen, ob es Ihnen möglich ist, die Bedienungsanleitung ins Englische zu übersetzen. Unsere Analyse hat ergeben, dass dies eine wichtige Voraussetzung für den Vertrieb des Gerätes auf dem britischen Markt ist.*

## An Offer                    **Ein Angebot**

We were very happy to receive your fax, which reached us on Saturday of last week. As requested, we are sending you our latest catalogue of office supplies. Our export price list for Europe is also enclosed. Assuming that substantial quantities are ordered, we are quite prepared to arrange terms on an individual basis with our customers.

In the case of first-time orders, we deliver on the basis of an irrevocable and confirmed documentary letter of credit in our favour, payable at Dresdner Bank, Kassel. With repeat orders, however, we would accept payment on a CAD basis.

The delivery period for the majority of our products is currently approx. 12 days from receipt of order, subject to individual requirements, eg regarding design, packaging or transport.

---

*Wir freuen uns, den Erhalt Ihres Schreibens bestätigen zu können, das uns am Samstag vergangener Woche erreicht hat. Wie gewünscht, übersenden wir Ihnen unseren neuesten Katalog über Büromaterialien. Unsere Exportpreisliste für Europa ist ebenfalls beigefügt. Vorausgesetzt, dass größere Mengen bestellt werden, sind wir gern bereit individuelle Lösungen für unsere Kunden anzubieten.*

*Bei Erstaufträgen liefern wir auf der Basis eines unwiderruflichen und bestätigten Dokumentenakkreditivs zu unseren Gunsten, zahlbar bei der Dresdner Bank von Kassel. Bei Wiederholungsaufträgen würden wir jedoch Bezahlung auf der Basis CAD akzeptieren.*

*Die Lieferzeit für die meisten unserer Produkte beträgt zur Zeit ca. 12 Tage nach Auftragserhalt, vorbehaltlich individueller Wünsche, z. B. hinsichtlich Design, Verpackung oder Transport.*

## An Order                    **Eine Bestellung**

We have learned from our mutual business friends RayDeal that you produce gas masks. We urgently require 200 units, because our previous supplier is, owing to a factory fire, not in a position to meet his delivery commitments.

In accordance with your current catalogue, which RayDeal have kindly made available to us, we are prepared to order 200 units of Type AB/2 at a total price of $25,000 CIF Bremen, including packaging for export. This order is made only on the condition that delivery is made by 28 October at the latest. Please inform us immediately whether you accept this order.

Should you accept it and should your products as well as the execution of the order meet our expectations, we will be very happy to ask your company to supply our future requirements.

*Von unserem gemeinsamen Geschäftsfreund, der Firma RayDeal, haben wir erfahren, dass Sie Gasmasken herstellen. Wir benötigen dringend 200 Stück, da unser bisheriger Lieferant aufgrund eines Fabrikbrandes nicht in der Lage ist, seinen Lieferverpflichtungen nachzukommen.*

*Gemäß Ihrem gültigen Katalog, den uns RayDeal freundlicherweise zur Verfügung gestellt hat, sind wir bereit, 200 Stück des Typs AB/2 zum Gesamtpreis von $25.000, CIF Bremen einschließlich Exportverpackung, zu bestellen. Allerdings wird der Auftrag unter der Bedingung erteilt, dass die Lieferung bis spätestens 28. Oktober erfolgt. Bitte teilen Sie uns umgehend mit, ob Sie diesen Auftrag annehmen.*

*Sollte dies der Fall sein und Ihre Produkte sowie die Auftragsausführung unseren Vorstellungen entsprechen, sind wir gerne bereit, unseren zukünftigen Bedarf bei Ihrem Unternehmen zu decken.*

# A Complaint       **Eine Beschwerde**

Referring to our Order No. 667/8, we are sorry to have to inform you that the consignment has not yet reached us, although, according to the sales contract, you promised the goods by the first week of November. We need the 800 Teddy Bears, "Huggy" model, urgently in view of the approaching Christmas trade. An even longer delay would put us in an inconvenient position, since we have already received orders from some of our long-standing clients.

We therefore request that you execute the order immediately so that the goods will be available to us by Friday of next week at the latest.

If you are not prepared, or are not in a position, to meet your commitments, we shall be forced to cancel the order. We will then arrange for another supplier to meet our needs. Considering the difficult situation, we must insist on an immediate reply informing us of the reasons for the delay in delivery.

---

*Mit Bezug auf unseren Auftrag Nr. 667/8 müssen wir Ihnen leider mitteilen, dass die Lieferung noch nicht eingetroffen ist, obwohl Sie diese gemäß dem Kaufvertrag für die erste Novemberwoche zugesagt hatten. Wir. Angesichts des bevorstehenden Weihnachtsgeschäfts benötigen wir die 800 Teddybären, Modell „Huggy", dringend. Eine noch größere Verspätung würde uns in eine unangenehme Lage bringen, da bereits Bestellungen langjähriger Kunden unseres Unternehmens vorliegen.*

*Wir ersuchen Sie daher, den Auftrag sofort auszuführen, damit uns die Waren spätestens nächste Woche Freitag zur Verfügung stehen.*

*Wenn Sie nicht bereit oder in der Lage sein sollten, Ihren Verpflichtungen nachzukommen, sehen wir uns gezwungen den Auftrag zu widerrufen. Wir werden unseren Bedarf dann bei einem anderen Lieferanten decken. In Anbetracht der schwierigen Situation bestehen wir auf einer sofortigen Antwort mit Angabe der Gründe für die Lieferverzögerung.*

# A CV (= Curriculum Vitae)   Ein Lebenslauf

(Siehe 3.1 Applying / Bewerben)

*Zu einem Bewerbungsschreiben u.ä. gehört im Englischen, wie im Deutschen, der Lebenslauf (= curriculum vitae oder kurz CV). Ein einführender Brief (= covering letter) gehört ebenfalls dazu. Der Lebenslauf sollte so knapp und präzise wie möglich gehalten werden. Heutzutage ist in der Regel der tabellarische Lebenslauf (= in tabular form) gefragt. Er wirkt sachlicher, ist übersichtlicher and lässt sich leichter aufstellen. Man ist nicht mehr gezwungen, in einem eleganten und ausgefeilten Stil zu schreiben. Dafür muss man aber beweisen, dass man das Wichtigste erkennen und gliedern kann.*

## 1. Ihr Name ("Name") in Fettschrift:

## 2. Ihre Angaben zur Person ("Personal Details"):
Adresse
Telefon- / Faxnummer, E-Mail Adresse
Familienstatus (e.g. "single", "married", "divorced", ...)
Alter (nicht das Geburtsjahr!)

## 3. Persönliches Profil ("Profile")
Hier haben Sie die Chance, sich „zu verkaufen". Tragen Sie dick auf und vergessen Sie nicht, die jeweils erwarteten Schlüsselbegriffe zu präsentieren (je nach Zeitgeist und Geschmack, z. B. "reliable", "highly flexible", ... )

## 4. Schlüsselqualifikationen ("Core Skills")
An dieser Stelle listen Sie Ihre wichtigsten und tatsächlichen Fähigkeiten auf (z. B. "leadership qualities", "foreign languages", "computer-literate", ...)

## 5. Wichtige Leistungen ("Main Achievements")
Auf welche Ihrer Leistungen sind Sie besonders stolz? Hier sollten nicht nur berufsbezogene Leistungen aufgelistet werden, auch solche, die etwas über Ihre Persönlichkeit aussagen, gehören an diese Stelle (z. B. organisatorische Arbeiten, Vorträge und Präsentationen aller Art, Herausgabe von Schüler- bzw. Studentenzeitungen, etc ... ("Committee Work", "Publishing", "Positions of Responsibility", etc.)

## 6. Ausbildung ("Education")
Hier führen Sie tabellarisch Ihren akademischen Werdegang auf. Angaben zur Fächerwahl, genaue Daten und Noten gehören ebenfalls an diese Stelle. Angaben beginnen mit dem Eintritt ins Gymnasium (oder die Gesamtschule).

## 7. Berufserfahrung ("Employment History")
In umgekehrter chronologischer Reihenfolge nennen Sie hier Ihre früheren Arbeitgeber mit Angabe von Adressen und einer kurzen Beschreibung Ihrer jeweiligen beruflichen Tätigkeit. An dieser Stelle sollten Sie die Gründe für Ihre/n Jobwechsel nicht nennen. Danach wird man Sie möglicherweise im Vorstellungsgespräch ("job interview") fragen.

Der "**Covering Letter**" ist der erste Eindruck und sollte daher in jeder Beziehung perfekt konzipiert sein. Dies beginnt bereits bei der Wahl des Papiers, der Schriftart, des Layouts etc.

Rechts oben steht Ihre Adresse:
Straße mit Hausnummer,
Stadt mit Postleitzahl,
etwas darunter das Datum (z. B. 23$^{rd}$ November 2000)
Links, darunter die Adresse des Adressaten:
Name mit Titel,
Position,
Abteilung,
Firmenname,
Straße mit Hausnummer,
Stadt mit Postleitzahl
(Angabe des Landes bei Bewerbungen aus dem oder ins Ausland)

Die Anrede erfolgt mit dem Namen (z. B. "Dear Mr Mellor,") oder, wenn dieser nicht bekannt ist, mit „Dear Sir / Madam,".

Darunter geben Sie den Grund Ihres Schreibens an:
Re: (oder Ref) die Position, für die Sie sich bewerben (z. B. Laboratory Assistant)

Im ersten Drittel des Briefes stellen Sie sich vor, nennen die Position, für die Sie sich bewerben und erwähnen, wie Sie von der Ausschreibung erfahren haben. Beschreiben Sie kurz Ihr persönliches Profil (siehe CV, 3. Abschnitt).

Im zweiten Drittel legen Sie (in Absätze gegliedert) dar, warum Sie Interesse an der ausgeschriebenen Position haben und warum Sie überzeugt sind, bestens dafür geeignet zu sein. Lassen Sie, wenn möglich, durchblicken, dass Sie sich über die Firmengeschichte und die zukünftigen Pläne der Firma informiert haben – dies unterstreicht Ihr Interesse. Legen Sie überzeugend dar, warum die Firma an Ihnen interessiert sein sollte. „Verkaufen" Sie sich gut.

Im letzten Drittel bekräftigen Sie noch einmal Ihr Interesse an der ausgeschriebenen Position und fassen noch einmal kurz zusammen, warum Sie für die Position wie geschaffen sind. Bitten Sie um ein Vorstellungsgespräch und erwähnen Sie, wann Ihnen terminlich ein persönliches Gespräch möglich ist.

Schließen Sie den "covering letter" freundlich und optimistisch (tragen Sie hier bitte nicht zu dick auf!) und verabschieden Sie sich z. B. mit "I look forward to hearing from you."

Yours faithfully, / Yours sincerely,

(Ihr Name)

**Business English ganz leicht Sprachkurs**
1 Buch (160 Seiten)
2 Audio-CDs (88 Min.)
ISBN 978–3–19–102717–9

**Business English ganz leicht Korrespondenz**
1 Buch (80 Seiten)
1 CD-ROM
ISBN 978–3–19–309507–7

# Weitere Business-Titel für noch mehr Sprachkompetenz!

Der *Business English ganz leicht Sprachkurs* behandelt die wichtigsten Themenbereiche des modernen Geschäftslebens in zehn praxisnahen Lektionen. Moderne Terminologien werden unter Berücksichtigung aller Kommunikationsformen (Brief, Telefon, Fax, E-Mail, Internet) vermittelt.

- ▶ Übungsapparat in Form von schriftlichen und mündlichen Übungen
- ▶ Praxisnahe Themen wie z. B. Geschäftsreisen, Tagungsorganisation, Verhandlungen u. v. m.
- ▶ Lösungsschlüssel und zweisprachige Wortliste im Anhang

*Business English ganz leicht Korrespondenz* ist die praktische Einführung in die englische Business-Korrespondenz. Das Buch enthält insgesamt 100 Musterbriefe, E-Mails und SMS sowie deren deutsche Übersetzungen. Alle Mustervorlagen sind auf der beigefügten CD-ROM enthalten.

- ▶ Zahlreiche Tipps und Hinweise zum effizienten Formulieren auf Englisch
- ▶ 100 Musterbriefe, -Mails, und -SMS können von der CD-ROM kopiert und individuell angepasst werden

 **Hueber** Freude an Sprachen